भूत प्रेत निकट सब आये

भूत प्रेत निकट सब आये

आम दिन, अजीब दास्ताँ

संजॉय के. रॉय

अनुवाद
उर्मिला गुप्ता

हार्पर
हिन्दी

प्रथम प्रकाशन 2026
हार्पर हिन्दी
(हार्परकॉलिंस *पब्लिशर्स* इंडिया) द्वारा प्रकाशित
हार्परकॉलिंस *पब्लिशर्स* इंडिया, साइबर सिटी, बिल्डिंग 10-A,
गुरुग्राम, हरियाणा – 122002, भारत
www.harpercollins.co.in

P-ISBN: 978-93-6989-305-8
E-ISBN: 978-93-6989-961-6

टाइपसेटिंग : हार्परकॉलिंस *पब्लिशर्स* इंडिया प्राइवेट लिमिटेड
मुद्रक : सौरभ प्रिन्टर्स प्रा. लि.

HarperCollins *Publishers*, Macken House, 39/40 Mayor Street Upper, Dublin 1, D01 C9W8, Ireland

पुनीता, आदित्य और अविक के लिए

विषय-वस्तु

लेखक की कलम से

भूत प्रेत निकट सब आये

हर बात को तर्क की कसौटी पर कसने वाले मेरे पिता मां दुर्गा और हिन्दुओं के बहुत से देवी-देवताओं को पहचानते तो थे, लेकिन जब बात धर्म और रिवाज की आती थी तो वो नौसिखिये थे। मेरी मां रीति-रिवाजों वाली महिला थीं, उनका पालन-पोषण ऐसे घर में हुआ था, जहां माना जाता था कि उस परिवार के 300 साल पुराने कुल देवता वहां निवास करते थे।

मेरा बचपन देवी-देवताओं के साथ खेलते हुए बीता, परिवार की संस्कृति से घिरे हुए, जहां भगवान को भोग लगाने से लेकर, उन्हें उनके छोटे से बिस्तर पर सुलाने तक की क्रियाएं बड़ी श्रृद्धा से पूरी की जाती थीं। बड़ा होते-होते, मैं अपने पा (मेरे पिता) के जैसा ज़्यादा बना, आस्तिक से ज़्यादा तार्किक। अपने प्यारे कुत्ते की मौत ने मुझे ईश्वर की सत्ता से पूरी तरह दूर कर दिया, और मैं उस सर्वशक्तिमान के पास वापस बाद के सालों में लौटकर आया—तब जब मेरे 'एंटीना' को पुनीता के विश्वास ने उस एनर्जी और उसके उपासक, गुरुदेव की तरफ मोड़ा।

मेरी कुंडली तैयार करते हुए, हमारे पारिवारिक पंडित ने कहा था कि बड़ा होकर मैं या तो पुजारी बनूंगा या वकील, जो मेरे परिवार को ज्यादा स्वीकार्य लगा क्योंकि वे अध्यात्म के प्रति मेरे झुकाव से परिचित थे। जैसाकि सब जानते हैं, भविष्यवाणी की दोनों ही बातें सच नहीं हो पाईं। मैंने पांच सेमेस्टर तक लॉ की पढ़ाई की, जिसमें शोभा अग्रवाल के नोट्स और श्रुति 'टीना' कुमारी के टुटोरिअल का बड़ा योगदान था, उन्हीं की वजह से मैं एग्जाम तक पहुंच पाया, लेकिन एक टेस्ट के दौरान, मुझे हल्का होने के लिए लॉ फैकल्टी के बाथरूम, जो हद से ज़्यादा भयानक थे, और ओबेरॉय मैडेंस के वाशरूम में से एक का चुनाव करना पड़ा। मैडेंस जीत गया, और इसने लॉयर बनने के मेरे फैसले को फ्लश कर दिया।

यूनिवर्स एक पहेली है। हम बाहरी दुनिया के बारे में बहुत कम जानते हैं और उससे भी कम जानते हैं दूसरी दुनिया के साथ संवाद करने की अपनी खुद की काबिलियत के बारे में; लेकिन ईएसपी (अतीन्द्रिय बोध) उतना ही सच है, जितना सिक्स्थ सेन्स या सहजानुभूति। मैंने अपने अधिकतर फैसले इसी सहज भावना से लिए हैं: दोस्त और रिश्ते बनाने से लेकर बिजनेस पार्टनर्स के साथ काम करना और प्रोजेक्ट्स को स्वीकार करना—साथ ही कुछ ऐसे अवसरों को 'न' कहना जो 'ज़िंदगी बदल देने वाले' लग रहे थे। अधिकतर मामलों में, ये फैसले मेरे लिए फायदेमंद ही रहे!

समय के साथ, पैरानॉर्मल हमारे जीवन का हिस्सा बन गया, पुनीता की तंत्र साधना के प्रयोगों और हीलिंग एनर्जी की समझ की वजह से। दूसरी दुनिया की इन ताकतों को मैंने देखा है, महसूस किया है और उनसे संवाद भी हुआ है: और डर के भिन्न रूपों में उनसे वास्ता भी पड़ा है।

ये भूत अपेक्षित जगहों पर यूं ही आप पर नहीं कूद पड़ते। मैंने कभी किसी राजा या रानी के खंडहर में, या गीज़ा के पिरामिड में, थेबे के टेम्पल में या काप्पदोचिया की गुफाओं में भूतों या आत्माओं को नहीं देखा, बल्कि मुझे

इनका अनुभव बिल्कुल ही साधारण जगहों में हुआ है: किसी खाली प्लॉट में, बेडरूम की खिड़की के बाहर पेड़ पर, घर में या किसी नदी के किनारे। हालांकि मैं अक्सर कूल रहने का दिखावा करता हूं, लेकिन ऐसे किसी बिनबुलाये मेहमान की दस्तक पर आज भी मेरी रूह कांप उठती है। यूनिवर्स से मिलने वाले ऐसे संदेशों के प्रति मैं कुछ असहज रहता हूं, जो संदेश मुझे दूसरों तक पहुंचाने होते हैं।

मेरी कहानियां मेरी हकीकत हैं—या उन घटनाओं की व्याख्या, जो पुनीता और मैंने और हमारे परिवार, दोस्तों ने अनुभव की हैं। ये कहना मुश्किल है कि अपने नजरिये को हम कितना व्यक्त कर पाए। मैं बस इतना ही जानता हूं कि अच्छे और बुरे में, भय और पागलपन में, हमारी स्पिरिट गाइड ने हमेशा हमारी रक्षा की, उनकी पॉजिटिव एनर्जी ने हमेशा हमें घेरे रखा।

मैं न तो भविष्यवक्ता हूं, न ही मैं तंत्र साधक; मैं लोगों का भविष्य नहीं बता सकता, न ही उनके अतीत में झांक सकता हूं; मैं न रहस्यवादी हूं, न संशयवादी। इसलिए जब मेरे इस सफ़र में आप मेरे साथ, भिन्न-भिन्न आयामों से गुजरेंगे, तो मैं आपका फैसला आप पर छोड़ता हूं, इस उम्मीद के साथ कि जब आप अपने आसपास देखेंगे, तो पाएंगे कि हम जहां रहते हैं, उसके बहुत से आयामों से हम नावाकिफ हैं, कि जीवन में हमें उन बहुत सारे चमत्कारों को अपनाना चाहिए, जो हमारे आसपास रोज हो रहे हैं, और उनका शुक्रगुजार होना चाहिए।

1

पहली आहट

गुप्तू बाड़ी, कलकत्ता

वो सन 1967 था; मैं पांच साल का था। खबर आई कि मेरे दादुभाई (मेरी मां के पिताजी) अचानक चल बसे थे। मेरी मां फ्लाइट पकड़कर तुरंत कलकत्ता के लिए रवाना हो गईं, जबकि मैं और प्रोबीर (मेरे बड़े भाई, जिन्हें मैं दादा बुलाता हूं) पा के साथ कुछ दिन बाद ट्रेन से वहां के लिए निकले। सब सामान पैक करके हम स्टेशन पर, अपने फर्स्ट क्लास के डब्बे में पहुंचे, जिसे हमारे घर के स्टाफ ने पहले ही लम्बे सफ़र के लिहाज से साफ़ कर दिया था: हम कोचीन से मद्रास होते हुए, कलकत्ता पहुंचने वाले थे।

हमारी लगभग सारी गर्मियां कलकत्ता में नानी के घर ही बीतती थीं, और अब कुछ ही महीनों बाद दोबारा वहां जाने के मौके से, (दुखद हालात के बावजूद) हम बहुत उत्साहित थे। ट्रंक्स, बिस्तरबंद और सूटकेस पैक हो गए; *कोराईशूतिर कोचुरी* (ताज़ी मटर की कचौड़ियां) तलकर, बड़े-बड़े डब्बों में पैक की गईं, साथ में आलू की सब्जी, फ्राइड भिन्डी, आम का आचार और हमारे पामेरियन, चॉपी का खाना भी करीने से लग गया। चॉपी का इकलौता

मिशन रोज सुबह हमारे बिस्तर में घुसकर, हमारे पजामे खींचकर, हमें उठाने की कोशिश करना होता, जब तक कि हम बाहर निकलकर उसके साथ खेलने को तैयार नहीं हो जाते।

मेरे पा, लीजेंड्री मिहिर 'मिक्की' रॉय रॉयल नेवी से थे, जिन्होंने डार्टमाउथ के रॉयल नेवी कॉलेज (संयुक्त राज्य अमेरिका) से ट्रेनिंग ली, माइनस्वीपर पर सर्विस दी और सेकंड वर्ल्ड वॉर के दौरान एचएमएस *यॉर्क* रहे। आज़ादी के बाद वो इंडियन नेवी का हिस्सा थे। वो नौसैनिक एविएटर थे और कोबरा अलीज़े स्क्वाड्रन के कमांडर भी रहे, उनकी ट्रेनिंग फ्रांस में हुई थी और आईएनएस विक्रांत एयरक्राफ्ट के पहले कमांडर भी रहे थे। अब वे कोचीन में आईएनएस गरुड़ नेवल बेस के कैप्टेन थे।

हम गरुड़ हाउस में रहते थे। ये फोर्ट कोचीन के बैकवाटर में स्थित एक आलीशान बंगला था, जिसके बड़े से शाहबलूत के पेड़ पर हमने एक झूला डाल रखा था। उस पेड़ की जड़ों में रहने वाली लाल चीटियों पर दादा अक्सर नए-नए एक्सपेरिमेंट किया करते। वो उन्हें कभी जैम खिलाते, तो कभी कॉफ़ी पाउडर। कभी शहद और बोव्रिल वाली टबास्को तो कभी मार्स बार्स। मैं भी इन सारे एक्सपेरिमेंट्स का शिकार बनता, जिसकी वजह से मैं भविष्य में कुछ भी नया—सांप और चमगादड़ से लेकर तले हुए कॉकरोच और भुने हुए कीड़ों तक—ट्राई करने के लिए तैयार था! दादा हम दोनों में ज़्यादा समझदार थे। उनका जन्म लंदन में हुआ था, तो हम उन्हें *ब्रीटीश* कहकर चिढ़ाते थे!

ट्रेन का सफ़र मतलब खाने और पीने का अनलिमिटेड दौर। हम खिड़की से अपना सिर निकालकर, सर्पीले रास्तों पर घूमती ट्रेन के डब्बे गिनने की कोशिश करते, और रेलवे क्रॉसिंग पर इंतज़ार में खड़े मोटरसाइकल, कार और स्कूटर्स की तरफ हाथ हिलाते। हमने दक्षिण भारत के हरे-भरे ग्रामीण इलाकों से, पहाड़ियों और जंगलों से होते हुए, धान के खेतों और ताड़ के पेड़ों के विशाल विस्तार के बीच सफ़र किया। यकीनन ये सब हमारे पेरेंट्स और

स्टाफ की निगरानी में ही होता, जो हर स्टेशन पर अपने डिब्बे से हमारे डिब्बे में आते और जल्दी-जल्दी हमें कुछ खिलाकर, हमारा मुंह साफ़ करते और ट्रेन के चलने से पहले, वापस अपने डिब्बों में चले जाते। उन दिनों कम्पार्टमेंट इंडिपेंडेंट सुइट्स की तरह हुआ करते थे, जो सीधे प्लेटफ़ॉर्म पर खुलते थे। सीटी बजाता और धुआं छोड़ता, भाप इंजन पहाड़ियों, जंगलों, धान के विशाल खेतों और ताड़ के वृक्षों के बीच से गुजरता जाता और कई बच्चे भी इसके साथ दौड़ते दिखाई देते। फिर मद्रास पहुंचकर, हमारी बोगी को साइड ट्रेक पर छोड़कर इंजन आगे निकल जाता और हम कलकत्ता तक जाने वाली दूसरी ट्रेन का इंतजार करते।

शहर नजदीक आने पर, हमारे चेहरे पोंछकर, हमारे कपड़े बदल दिए जाते। हम खिड़की से बाहर झांकते हुए इंतजार करते कि हमारे सफ़र समाप्ति की घोषणा करने वाले, हावड़ा ब्रिज को सबसे पहले कौन देख पाएगा। प्लेटफ़ॉर्म पर पहले ही स्टुडबेकर या डॉज प्लाईमाउथ खड़ी मिलती, और हम हमेशा हैरानी में रहते कि कैसे हमारे डिब्बे के बाहर ही हमें बैठने के लिए गाड़ी मिल जाती थी।

नॉर्थ कलकत्ता के जोराशंखो, 7 नंबर, गुप्तू लेन तक का सफ़र यूं तो छोटा ही होता, लेकिन ये अक्सर हावड़ा ब्रिज पर मौजूद ट्रैफिक के हालात पर निर्भर करता। भीड़ भरी सड़क पर, हॉर्न बजाता हुआ स्टुडबेकर, रुकते-रुकाते, धीरे-धीरे आगे बढ़ता। कमर पर धोती बांधे और सिर पर करीने से सामान की पेटियां उठाए हुए कुली, बड़ी सुघड़ता से अपना रास्ता बनाते चलते; ताज़ी सब्जियों और मसालों, मच्छी और मुर्गियों से लदी हाथ गाड़ियों की अंतहीन कतार, जो स्थानीय ट्रेनों द्वारा आसपास के गांवों से लाई और बाजार तक पहुंचाई जाती थी; रेक्सीन सीटों के किनारे पर खतरनाक तरीके से बैठे, पसीने से लथपथ रिक्शाचालक अपने यात्रियों के साथ, जान बचाने के लिए ट्रक और ट्राम, कार और जानवर के बीच पुल पार करते हुए आगे बढ़ रहे थे। एक बच्चे के लिए

यह कोलाहल रोमांचकारी था, जिसमें एक बड़े शहर की भीड़ और जीवन की गंध शामिल थी!

जोराशंखो उत्तरी कलकत्ता का सबसे पुराना इलाका था, जो अब वहां के पुराने रईसों का घर था। फीके लाल रंग के फर्श और सफेद खंभों वाली जोराशंको राजबाड़ी, तथा टैगोर का निवास स्थान 'ठाकुर बाड़ी', द्वारकानाथ गुप्तू की कंपनी के हेडक्वार्टर से कुछ ही दूरी पर थे। जैसे ही कार गुप्तू लेन में मुड़ी, हम ठेलेवालों के एक समूह से बाल-बाल बच गए, जो उसी समय वहां बैठकर पेशाब कर रहे थे। दरबान उन्हें बीच में ही रुकने और आगे बढ़ने के लिए चिल्ला रहा था, वो झुंझलाया हुआ था कि वे लोग बंगले की ताजा रंग की गई दीवारों को गंदा कर रहे थे और ये सब अभी-अभी आए बाबा लोगों को देखना पड़ रहा था। हालांकि पेशाब की तीखी गंध से आती उबकाई को अनदेखा करना आसान नहीं था, लेकिन गली में मुड़ते ही हमारा ध्यान ममेरे भाइयों, मामाओं और मामियों के एक समूह ने खींच लिया। वो लोग महल की लंबाई के साथ-साथ बने गाड़ी बरामदे (घोड़ों के अस्तबल और कार गैराज के ऊपर की लंबी बालकनी) से उत्साहपूर्वक हाथ हिला रहे थे। बरामदे में लोहे की सुन्दर जालीदार रेलिंग लगी हुई थी; दादा ने एक बार अपना सिर उसमें फंसा लिया था, जिससे घर के सब लोग घबरा गए थे।

गुप्तू (गुप्ता या गुप्तो का विकृत रूप) बाड़ी को द्वारकानाथ गुप्तू, मेरे पर-पर-पर नाना ने 1800 सदी के मध्य में बनाया था। उनके पिता, बृंदाबन चंद्र गुप्तू, कलकत्ता के एक प्रमुख ज़मींदार थे, जिनके पास उस समय नये बसे शहर में बहुत सी ज़मीन थी, जो आगे चलकर ईस्ट इंडिया कंपनी और बाद में ब्रिटिश एम्पायर की राजधानी बना।

द्वारकानाथ गुप्तू ने देबेन्द्रनाथ टैगोर (रबीन्द्रनाथ के पिता) के साथ, हैरे स्कूल में पढ़ाई की और वो स्कूल के संस्थापक, डेविड हैरे के पसंदीदा छात्र थे। उस समय जब अधिकांश ज़मींदारों के बच्चे घर पर रहकर पढ़ा करते थे और अपना दिन खेलने, शिकार, फिशिंग या नाच घरों में बिताते थे, स्कूल की फॉर्मल एजुकेशन बहुत नई चीज थी, जिसे सारा खर्चा बचाने का जरिया माना गया।

1835 में, जब बंगाल का मेडिकल कॉलेज बना, तो द्वारकानाथ गुप्तू उसमें दाखिला लेने वाले पहले छात्र थे, और उन्होंने एशिया की पहली सर्जरी में मधुसुदन गुप्ता को असिस्ट किया। 1839 में मेडिकल शिक्षा पूरी करने के बाद, उन्हें नॉर्थईस्ट में डॉक्टर की जॉब मिली, जिसे उन्होंने मना कर दिया और अपनी प्राइवेट प्रैक्टिस शुरू की। वो टैगोर और कलकत्ता के शाही परिवारों और ज़मींदारों के ऑफिशियल चिकित्सक बने। 1840 में, मेस्सर्स डी. गुप्तू एंड को. को भारत की पहली डिस्पेंसरी के तौर पर रजिस्टर्ड किया गया, जहां अंग्रेजी दवाइयां मिलती थीं। फर्म का पहला और सबसे ज़्यादा सफल पेटेंट था डी. गुप्तू टॉनिक, जो मलेरिया से लड़ने में बहुत कारगर था, और पूरे बंगाल में इसे प्रेस्क्राइब किया जाता था। द्वारकानाथ की अंग्रेजों से निकटता (और उनके द्वारा इस टॉनिक की प्रभावकारिता को स्वीकार करने) के कारण इसे अफ्रीका और सुदूर पूर्व में खूब निर्यात किया गया। कंपनी ने और भी कई दवाइयों का पेटेंट कराया, जिसमें स्प्लीन (प्लीहा) और लिवर के लिए दवाइयां, दस्त और पेचिश के लिए एक गोली, तथा लिवर साफ़ करने की गोलियां शामिल थीं। इन दवाइयों की मांग पूरे उपमहाद्वीप और अफ्रीका में हुई, जिससे द्वारकानाथ अपने समय के सबसे समृद्ध व्यापारियों में से एक बन गए। घर की तिजोरियां धन से भरने लगीं: चांदी और सोने के सिक्कों से लदी टोकरियों को गाड़ियों में लादकर लाया जाता, और घर की मुखिया महिला के निर्देश पर उन्हें गंगाजल

छिड़कर शुद्ध किया जाता। यह महलनुमा घर पूरे शहर में फैला हुआ था और लगातार फैलती गुप्तू ट्राइब का निवास स्थान था।

1882 में जब द्वारकानाथ गुप्तू मरे, तो अपनी लेबोरेटरी और प्रॉपर्टी अपने तीन बेटों के लिए छोड़ गए, जिन्होंने आगे चलकर अन्य औषधीय और घरेलू उत्पादों का पेटेंट कराया, जिनमें एफ.एन. गुप्तू पेंसिल और पेन भी शामिल थे। उन्होंने अपने परिवार की संपदा को कई गुणा बढ़ाया, और इटैलियन मार्बल, आलीशान झूमरों से सजे शानदार महल बनवाए। गोल्ड बाथरूम फिटिंग और सर्वोत्तम यूरोपीय फर्नीचर इस धनी शासक वर्ग की गूढ़ रुचियों का गवाह था।

तीसरी पीढ़ी धन और वैभव की विलासिता में डूब गई और उतनी खुशकिस्मत नहीं निकली। मेरे नाना के काका, तारोक नाथ गुप्तू, जुआ खेलने के शौकीन थे और उन्होंने अपने जुए के कर्ज को चुकाने के लिए कलकत्ता के प्रमुख इलाकों में कम से कम सत्रह महलों को गिरवी रख दिया। जब भी उनके भाई-बहन मेरे परनाना से तारोक नाथ गुप्तू को संपत्ति से बेदखल करने की विनती करते, तो उन्हें बताया जाता कि उनका परिवार कलकत्ता का एक सम्मानित परिवार था और उन्हें अच्छे-बुरे समय में एक साथ खड़ा होना चाहिए। परिवार के किसी भी सदस्य को कभी भी बेदखल या जेल नहीं भेजा जाएगा।

अंततः, गुप्तू लेन की 7 और 8 नंबर की संपत्तियां ही इस परिवार के पास बची रहीं क्योंकि बाकी लोग मध्य और दक्षिण कलकत्ता चले गए थे और मिडलटन स्ट्रीट, ग्रे स्ट्रीट, द स्ट्रैंड और राशबिहारी एवेन्यू में नए घर बना लिए थे।

अपने पूर्वजों की अस्थिर नियति के बावजूद, मेरी मां और उनके भाई ने बचपन में एक सुरक्षित जीवन जिया। वो हर दिन स्कूल में या तो स्टेंडर्ड या रोवर कार से ही जातीं, और उनके साथ घर का कोई सेवक होता, जो उन्हें किसी कि बुरी नज़र से बचाकर, स्कूल के गेट तक छोड़कर आता। उनके

चाचा लोगों का दिन घर के कई आंगनों को जोड़ने वाली विशाल छतों पर क्रिकेट खेलते हुए बीतता था। वे अपनी टीम के रंगों से सजे ब्लेज़र पहनते, जिनकी जेबों पर उनकी टीम के रंग छपे होते थे। उनकी पत्नियां शानदार लंच और डिनर बनातीं: इलिश माछेर झाल, शुक्तो, कोशा मंगशो, मुर्गी और चटनी, मुरी घोंटो और बेगुन भाजा, चिंगरी और काकड़ा, जिन्हें मुंह में घुल जाने वाली लुचियों के साथ परोसा जाता था। मिष्टी दोई और परिवार के मिष्टीवाले द्वारा बनाए गए ताज़ा संदेश के बिना कोई भी भोजन अधूरा था। आश्चर्य की बात नहीं कि उनमें से कई लोग चालीस और पचास की उम्र में ही चल बसे। इसमें उनकी अस्वस्थ जीवनशैली और एक हद तक 'अच्छी ज़िंदगी' के नाम पर बोरियत सबसे बड़ी वजह थी। ज़्यादातर ज़मींदारों की तरह, वे अपनी जागीरों के किराए पर गुज़ारा करते थे और शायद ही कभी काम पर जाते थे। मेरी मां के बोरो और छोटो पिशी की शादी ऐसे पुरुषों से हुई थी, जिनसे उम्मीद की जाती थी कि वे घर में आकर घोर जमाई बनकर रहेंगे। मेरे मामा-मामियों और उनके बच्चों और पोते-पोतियों पर मेरी परनानी, दीदानू, का कठोर शासन था। हर कोई उनसे डरता था और उन्हें खुश रखने की पूरी कोशिश करता था। ऊपरी मंज़िल पर उनका कमरा घर का सबसे जरूरी हिस्सा था, जहां सभी अहम फैसले लिए जाते थे। सभी मेहमानों का स्वागत उसी कमरे में किया जाता, और नौकरों और विश्वासपात्रों की टोली लगातार उन तक हर छोटी-बड़ी बात पहुंचाती रहती थी। परिवार के लोगों को आपस में भिड़वाने के लिए भी यही लोग जिम्मेदार होते।

खैर, उस दिन जब हम घर पहुंचे, तो हमारा स्वागत घर के भरोसेमंद गार्ड दुबेजी ने किया। उनका कार्यक्षेत्र घर के प्रवेश द्वार पर बना चट्टानी चबूतरा था, जिस पर डी. गुप्तू का राजचिह्न और पारिवारिक मुहर लगी थी। यहीं से वे दिहाड़ी

व्यापारियों से मोल-तोल करते और घर के नौकरों की गतिविधियों पर नज़र रखते थे। हमें तुरंत लाल घोर (कमरे) में ले जाया गया, जो एक बड़ा, खुला सा कमरा था, और वहां लकड़ी की बेंचें लगी थीं। वहीं छोटू नापित (परिवार का नाई) हमारे बाल काटने के लिए इंतज़ार कर रहा था। बड़ी मिन्नतों के बाद उसे मनाया गया कि हमारे बाल पूरी तरह नहीं मुंडवाने थे। उसका सिग्नेचर स्टाइल बाटी छांट या कटोरी कट था, जिसे वह बड़ी सुगमता से करता था। एक-एक कर, हमें ऊंची कुर्सी पर बिठाया गया और हमारे रोने-बिलखने का भी कोई फ़ायदा नहीं हुआ। इसके बाद सफ़र की गंदगी धोने के लिए हमें गर्म पानी से नहलाया गया, और मुझे लगता है कि उस *स्नान* का मकसद सिर्फ गंदगी धोना ही नहीं, बल्कि हमारी शुद्धि भी था, क्योंकि पानी में गंगाजल की मात्रा बहुत ज़्यादा थी। फिर हमें ऊपर ले जाया गया, जहां सिंहासन नुमा कुर्सियों पर विराजमान हमारे पूर्वजों के पोर्ट्रेट्स लगे थे। वे मानो हमें सवालिया नज़रों से देख रहे थे, जब हम अपनी परनानी के पास संवेदना व्यक्त करने जा रहे थे। दीदानु अपने फोर-पोस्टर बेड पर लेटी हुई थीं, कमरे के विशाल झूमर मंद रोशनी में थे और दर्पण सफेद चादरों से ढके हुए थे। सेवकों का एक दल उनके पैरों की मालिश, उनके पान की व्यवस्था या विशाल तकियों को ठीक करने में जुटा हुआ था। जब भी कोई मेहमान सहानुभूति व्यक्त करने आता, तो सेवक हर बार दीदानु को आंसू पोंछने के लिये, लेस लगा साफ़ रुमाल पकड़ाते।

दीदानु मेरे नाना-नानी (उनके सबसे बड़े बेटे-बहू) और अपनी गोरी-चिट्टी पोती, यानी मेरी मां से बेहद प्यार करती थीं। हमारे लिए उस ऊंचे आलीशान बिस्तर पर चढ़ने के लिए एक सीढ़ी रखी हुई थी। उन्होंने हमें खूब लाड़ से देखा और हमारा माथा चूमा। उन्होंने कहा कि हम बहुत कमज़ोर हो गए थे और हमें खूब खिलाया जाना चाहिए, और फिर वो ज़ोर-ज़ोर से रोने लगीं और भगवान से गिड़गिड़ाने लगीं कि उनके प्यारे बेटे की जगह भगवान उन्हें अपने पास बुला लेता।

फिर हम अपनी नानी, दीदीभाई से मिलने नीचे गए। हम उन्हें बहुत प्यार करते थे। जब हम काले-सफ़ेद चेकरदार संगमरमर फ़र्श पर चलते हुए गलियारे को पार कर रहे थे तो पिंजरों में बंद विदेशी मैकॉ, चीनी कॉकटू और कई बुगेरिगर 'बोका छेले' (मूर्ख लड़का) या 'पाजी छेले' (शरारती लड़का) बोलकर या किलकारी मारकर हमारा स्वागत कर रहे थे। उनके शब्द उनके मूड या जिनकी वो उस समय नकल कर रहे थे, उस पर निर्भर करते थे। गलियारे में लगीं दादाजी की घड़ियां, जो एक दूसरे से एक सेकंड के अंतर पर थीं, एक कॉन्सर्ट की तरह बजने लगीं। ये आवाजें गलियारे के आखिर तक हमारे पीछे-पीछे आती रहीं, जो समय बीतने और एक नरमदिल आत्मा के निधन का संकेत थीं।

दीदीभाई अपनी भाभियों और अपने विस्तृत परिवार से घिरी थीं। उनके गहने उतार दिए गए थे और उन्होंने हल्के भूरे रंग के बॉर्डर वाली एक कलफ लगी सफेद साड़ी पहन रखी थी। उनकी शादी उनकी ज़मींदार मां और प्रतिष्ठित वकील पिता ने बहुत कमउम्र में ही करवा दी थी, पर अभी उम्र के चालीसवें पड़ाव में भी वे जवान और खूबसूरत लग रही थीं, और इस नई भूमिका को निभाने के लिए तैयार नहीं थीं। उनके पति ने उन्हें बहुत प्यार दिया था, उनसे दूर होकर, एक विधवा का जीवन उनके लिए अकल्पनीय था। हमारे नाना, दादूभाई, हीरे के बटन वाला सफेद कुर्ता पहने, रोलेक्स घड़ी और परिवार की मुहर वाली एक सोने की अंगूठी पहने, एक काले फ्रेम से बाहर देख रहे थे। उनकी तस्वीर के सामने जलते दीये का प्रकाश, तस्वीर के कांच पर प्रतिबिम्बित हो रहा था।

वहां मौजूद हमारी मामी-नानी, मौसी-नानी हमें प्यार से गोद में उठाकर एक-दूसरे को देती रहीं। सब हमारे बाल सहलाकर, हमारे गालों को चुटकी से दबाकर और हमारे माथे को चूमकर हम पर खूब प्यार बरसा रहे थे। ऐसा स्नेह आपको सिर्फ़ अपने परिवार में मिल सकता है। वहां हवा में कपूर और

जबाकुसुम की खुशबू के साथ रजनीगंधा के फूलों, कार्बोलिक साबुन और शायद चमेली की हल्की सुगंध मिली हुई थी।

सारी छुट्टियां हम घर के इस कोने से उस कोने तक भागने में बिताते। हम यह देखने के लिए झांकते कि क्या पक रहा था या कौन सा चूर्ण, अचार या आमशोटो (सूखे आम की परतें) बड़े चीनी मिट्टी के जारों में रखा था, जिसका हम मज़ा ले सकें। हम अपने कज़न्स के साथ खेलने के लिए सीढ़ियों से छत पर चढ़ जाते, या खोए हुए खजाने या अभी तक न खोजे गए कमरों, गुप्त रास्तों और भूले हुए दरवाजों की तलाश में एडवेंचर पर निकल पड़ते। वहां हमारी पसंदीदा जगह थी घर का सबसे पुराना हिस्सा–जो पीछे की तरफ था और कभी किचन और आउटहाउस के तौर पर इस्तेमाल होता था। वो अब खाली पड़ा था और उसमें धूल और जालों से ढका पुराना फर्नीचर और एक-दो सागौन की अलमारियां छोड़कर कुछ नहीं था। वो जगह हमारे छिपने के काम आती थी। शटर वाले पुराने राइटिंग टेबल जिन्हें उनके मालिकों ने फेंक दिया था, उनकी ड्रॉअर में अभी कुछ पुरानी चीजें पड़ी थीं। शायद उस फर्नीचर को भी उम्मीद थी कि कभी पॉलिश से उन्हें चमकाकर, वापस से मुख्य घर में शामिल कर लिया जाएगा। एक बार फिर से वे गपशप और परिवार के सीक्रेट्स का केंद्र बनेंगे। लाल पॉलिश वाले फर्श और हरी लकड़ी की शटर वाली खिड़कियों वाले कमरे, जो हमारी पिछली यात्रा के बाद से नहीं खोले गए थे, धूल झाड़ने और हवा खाने के लिए तरस रहे थे। यह हमारी दुनिया थी, जहां हम बच्चे राज करते थे।

हम अक्सर डार्करूम खेलते थे और जब अंधेरा काफी नहीं होता था, तो हम अपनी आंखों पर पट्टी बांध लेते और अजीब जगहों पर छिप जाते थे, जैसे अलमारियों के अंदर और धूल भरे बिस्तरों के नीचे। हम चीखते और ललकारते हुए बाहर निकलते थे। हम तकिए से ज़बरदस्त लड़ाई करते और 'L-O-N-D-O-N—लंदन, स्टॉप!' के अंतहीन राउंड खेलते थे, जिसमें हम फ्रीज़ हो

जाते और हल्की सी भी हरकत करने पर 'आउट' करार कर दिया जाता। इसी तरह घंटों बीत जाते थे, खेल तभी खत्म होते थे जब कोई हमें खाने के लिए या किसी आने वाली चाची, चाचा या मेहमान से मिलने के लिए आवाज़ लगाता था। जब हम हंसते और कहानियां सुनाते हुए वापस जाते, तो मैं थोड़ी देर रुककर घर के इस हिस्से की अजीबोगरीब बातों को महसूस करता था। कहा जाता था कि कलकत्ता के अशांत बंटवारे से पहले और बाद के इतिहास में हुए कई दंगों के दौरान, भीड़ से बचाए गए लोगों को यहां छिपाया जाता था क्योंकि किसी बाहरी व्यक्ति के लिए घर के चारों ओर रास्ता खोजना लगभग असंभव था। कहा जाता था कि घर का यह हिस्सा हॉन्टेड था।

परिवार की कहानियों के अनुसार, एक बार एक चोर ठाकुर घर में घुस गया था, जो 8 गुप्तू लेन में परिवार का पूजा घर था। यह घर बड़े साहब या अंग्रेजों के मनोरंजन के लिए बनाया गया था। हवेली की सबसे ऊपरी मंजिल पर और छतों से सटा हुआ, ठंडा, बेदाग काला-सफेद संगमरमर का फर्श हर समय चमकता रहता था, जिसमें दिन भर जलने वाले तेल के दीयों की रोशनी पड़ती थी, जब तक कि देवताओं के रात को सोने का समय नहीं हो जाता था। उन्हें उनके छोटे फोर पोस्टर बेड पर सुलाया जाता था, उनके गहने और मुकुट उतार दिए जाते थे, उनके महंगे कपड़े बदलकर मुलायम मलमल के कपड़े पहना दिए जाते थे, और मच्छरदानी नीचे कर दी जाती थी; उन्हें एक गिलास पानी और फल और मिठाइयों की छोटी पीतल की प्लेटों के साथ बिस्तर पर लिटाया जाता था, ताकि अगर वे जाग जाएं और उन्हें भूख लगे तो खा सकें। कहा जाता था कि वहां हीरे और माणिक के मुकुट, पन्ने और कीमती पत्थरों से जड़े हार, और कमरे में रखे सोने और चांदी के सिंहासन मौजूद थे। चोर, देवताओं के मशहूर गहनों की कहानियों से आकर्षित होकर छत से कूदकर, एक खिड़की से अंदर चढ़ आया और तिजोरी खोलने की कोशिश करने लगा। लेकिन उसने देखा कि खिड़कियां और दरवाजे अपने-आप उसके चारों ओर

बंद हो रहे थे। वह अगली सुबह डरा हुआ मिला, बाहर निकलने की गुहार लगाने लगा और उसने तुरंत अपना जुर्म कबूल कर लिया।

किंवदंती के अनुसार, अठारहवीं सदी की शुरुआत में द्वारकानाथ गुप्तू के पूर्वजों को एक हफ्ते तक हर रात एक ही सपना आता था, जिसमें देवी दुर्गा ने उनसे जागीर के एक तालाब से उन्हें निकालने के लिए कहा था। जब तालाब का पानी सुखाया गया, तो मिट्टी में लाल कपड़े में लिपटा एक बंडल मिला, और उसके अंदर अष्टधातु, यानी आठ धातुओं के मिश्रण से बनी दुर्गा, गणेश और कार्तिक की मूर्तियां थीं। इन मूर्तियों के साथ, नारायण, जो इष्ट देवता या कुल देवता हैं, की पूजा उत्तरी कलकत्ता के एक हाल ही में बनाए गए मंदिर में की जाती है।

सालों से ठाकुर दलान (ठाकुर घर के बाहर का बरामदा) में देवी के दर्शन होने की बातें भी होती रही हैं। बीसवीं सदी की शुरुआत में, एक फल बेचने वाला घर आया और आमरा के पैसे मांगने लगा, जो एक लाल बॉर्डर वाली साड़ी पहनी लड़की ने खरीदे थे। गार्ड्स ने घर के स्टाफ से पूछा, लेकिन उन्हें ऐसा कोई व्यक्ति नहीं मिला, और घर की औरतें कभी भी विक्रेताओं से बात करने के लिए बाहर नहीं निकलती थीं। अगली सुबह, जब पुजारी ने ठाकुर घर के दरवाज़े खोले, तो उसे देवी के सिंहासन पर एक छिला हुआ, आधा खाया हुआ आमरा पड़ा मिला।

मेरी मामी इंद्रानी गुप्ती, जिन्हें मैं बौमा कहता था, कई बार ढाक (ढोल) और काशर घंटा (पीतल की झाल) की आवाज़ से जागीं और उन्होंने देखा कि ठाकुर दलान सुनहरे रंग की रोशनी से जगमगा रहा था।

एक बार, उन्होंने सपने में देखा कि देवी ने पायल का एक जोड़ा मांगा। उन्होंने तुरंत एक सेट मंगवाया और उसे मुख्य पुजारी गोपाल ठाकुर को दिया, जिन्होंने उन्हें देवी के पैरों में बांध दिया। हर रात जब वह देवताओं को सुलाते थे, तो वह उनके गहने उतार देते थे और उन्हें बिस्तर पर लिटाने से पहले

पायल भी उतार देते थे, यह एक ऐसी प्रथा है जो आज भी निभाई जाती है। एक रात, बौमा ने अपने कमरे के बाहर घंटियों की झंकार सुनी। उन्होंने इसे अपनी कल्पना समझकर नज़रअंदाज़ कर दिया, लेकिन अगली सुबह उन्होंने यह घटना पुजारी को बताई। तभी उन्हें अहसास हुआ कि वह पिछली रात देवी के पैरों से पायल उतारना भूल गए थे। ठाकुर घर का दरवाज़ा खोलने पर, उन्हें एक पायल बिस्तर के पैर के पास और दूसरी चादर के नीचे मिली, जैसे देवी ने रात में उन्हें उतार दिया हो।

देर शाम को, ठाकुर दलान और उसका आंगन शांत था, बस मेरे नानाजी के गुज़र जाने की याद में एक दीया जला हुआ था। झूमर की रोशनी कम कर दी गई थी, रिश्तेदार चले गए थे और परिवार के सदस्य अपने-अपने कमरों में चले गए थे। मेरे नानाजी सबसे बड़े बेटे थे और, जैसा कि परिवार के किसी भी सदस्य की मृत्यु पर सम्मान के तौर पर किया जाता है, जब तक श्राद्ध की रस्म पूरी नहीं हो जाती, तब तक रसोई में चूल्हा नहीं जलना था और घर में खाना नहीं बनना था।

रिश्तेदारों का भेजा हुआ खाना खाने के बाद, हम बड़ों के आस-पास घूमते रहे और उनकी कहानियां सुनते रहे। मुझे अपने नाना-नानी के बेडरूम में अकेले सोने से बहुत डर लगता था, जो आंगन के दूसरे कोने में था। वहां तक जाने के लिए मुझे अंधेरे में ठाकुर दलान के पास से, बंद दरवाजों वाली लंबी, खाली गलियों को पार करना पड़ता। हर कमरा बहुत बड़ा था और उसमें सोफे और दीवान के साथ बैठने की जगह, एक बड़ी गोल संगमरमर की मेज और बड़े-बड़े दीवार वाले शीशे थे जिनमें हाथ से बने क्रिस्टल लैंप की रोशनी दिखाई पड़ती थी। दूसरे कोने पर सागौन की बड़ी-बड़ी अलमारियां थीं जिन पर हाथी के सिर बने हुए थे और पैर शेर के पंजों जैसे थे। फोर पोस्टर बेड

भी गहरे सागौन की लकड़ी के बने थे, उनके दोनों तरफ रेलिंग लगी थी ताकि आप नीचे न गिरें, और उनमें आपको आरामदायक और सुरक्षित रखने के लिए तकिए लगे थे, और उन पर चढ़ने के लिए स्टूल का इस्तेमाल करना पड़ता था।

पजामा पहनने के बाद, मैं बिस्तर पर चढ़ गया और भारी मच्छरदानी के नीचे सावधानी से घुस गया ताकि कोई कीड़ा मेरे साथ अंदर न आ जाए। अपनी मां और नानी के साथ सोना एक मज़ेदार अनुभव था: मुझे उनकी कड़क सफेद साड़ियों और उनके बालों के तेल की खुशबू, मुलायम तकिए बहुत पसंद थे। इनमें मेरा छोटा तकिया भी शामिल था, जो मेरे साथ हर जगह जाता था और जिसके बिना मुझे नींद नहीं आती थी। और साथ ही लकड़ी का एक छोटा हाथी। ये हाथी भी सावधानी से मेरे तकिये के नीचे रखा होता। मेरी ये चीजें मुझे अजीब सी सुरक्षा का एहसास कराती थीं। हमारे सोने का रूटीन यह था कि दीदीभाई हमें कहानी सुनातीं, हमारे माथे पर हाथ फेरतीं, और हमें सुलाने के लिए 'शात शात' बुदबुदाती थीं। मुझे उनकी कहानियां पसंद थीं और मुझे देवता भी पसंद थे, लेकिन सबसे ज़्यादा मुझे सपने देखना पसंद था—देवताओं और देवियों के, राक्षसों और राक्षसियों के, हाथियों की दूर से आती हुई चिंघाड़ और शेर की दहाड़ और धातु के टकराने की इतनी तेज़ आवाज़ जो आपकी नसों में खून जमा दे।

उस रात जब मैं बिस्तर पर लेटा था, मेरा सिर अपने तकिए पर था और उसके नीचे मेरा प्यारा हाथी भी था। मैं इंतज़ार में था कि मेरी मां और नानी दिन भर की थका देने वाली रस्मों और लगातार आने वाले मेहमानों के बाद आराम करें। मैं चाह रहा था कि वो मुझे कोई कहानी सुनाएं, तभी मैंने अचानक एक कटा हुआ हाथ देखा जो एक मुड़ी हुई तलवार पकड़े हुए था, जिसकी धार रोशनी में चमक रही थी, और वह मच्छरदानी के आर-पार जा रहा था।

मेरी चीख निकल गई, जो संगमरमर के फर्श से टकराकर दीवारों से गूंजने लगी—और पूरे घर को जगा दिया। मेरे मामा और मामी, गार्ड और सभी

नौकर-चाकर कमरे में दौड़कर आए। डर से कांपते हुए, मैंने वो सब बताया जो देखा था। मुझे पूरा यकीन था कि यह कोई कल्पना नहीं थी। मेरी नानी ने भी कहा कि उन्होंने कुछ देखा था। मैंने ज़ोर दिया कि हर कमरे को खोलकर चेक किया जाए। पूरी तलाशी ली गई: जाले हटाए गए, पर्दे हटाए गए, बिस्तर उलटे गए, अलमारियां खोल दी गईं, एक-एक करके हर कमरे में घुसपैठिए को ढूंढा गया। लेकिन कोई नहीं मिला।

वह तस्वीर आज भी मेरी यादों में बसी हुई है। और हालांकि यह समझने में मुझे सालों लग गए कि शायद यह किसी तरह की अंधेरी शक्ति के साथ मेरा पहला सामना था, लेकिन मैं उस पल के डर को कभी समझ नहीं पाया। ऐसा नहीं था कि मेरे नाना की हत्या हुई थी या उनकी हिंसक मौत हुई थी जिससे यह तस्वीर सामने आई हो। मैं अब भी सोचता हूं कि क्या यह अतीत से कोई मुलाकात थी? पिछले जन्म की कोई तस्वीर? या मेरा अपना दिमाग एक अनजाने डर को दिखा रहा था?

2

एक काली परछाई

तुगलक रोड, नई दिल्ली

हम 1970 में दिल्ली आ गए। बॉम्बे से दिल्ली आना ऐसा था मानो मैं किसी दूसरी दुनिया में आ गया था। एक तरफ जहां दिल्ली में ट्रैफिक और डबल-डेकर बसों से राहत थी, वहीं ये शहर अरब सागर की विशालता और चौपाटी की चहल-पहल से भी वंचित था।

सबकुछ अलग था। बॉम्बे के मल्टी-स्टोरी घरों की जगह लुटियंस की दिल्ली के बड़े-बड़े बंगले थे। कोलाबा कॉज़वे और सहकारी भंडार की जगह INA और खान मार्केट हमारे नए शॉपिंग ठिकाने बन गए। मरीन ड्राइव और फ्लोरा फाउंटेन की जगह फूलों से सजे गोल चक्कर थे, और मालाबार हिल के हैंगिंग गार्डन की जगह लोधी गार्डन का ओस से भीगा विस्तार था। बंगाली मार्केट में छोले के साथ भटूरे और गुलाब जामुन ने मटन फ्रेंकी और पारसी डेयरी की कुल्फी की जगह ले ली। राजपथ पर शानदार इंडिया गेट, जिसके पीछे दूर डूबते सूरज की रोशनी में राष्ट्रपति भवन का गुंबद दिख रहा था, उसने गेटवे ऑफ इंडिया और उसकी सीढ़ियों से टकराती लहरों की जगह ले ली,

जहां नावें एक अनदेखी धुन पर हिलती-डुलती थीं। दिल्ली की वो पहली यादें मेरे मन में बसी रह गईं, और शायद यही वजह है कि मैं अभी भी इससे प्यार करता हूं जो अब एक तेज़ रफ़्तार शहर है, जहां राजनीति और सत्ता, ट्रैफिक जाम और प्रदूषण का बोलबाला है।

यह पांच दशक से भी ज़्यादा पहले की बात है, जब आतंकी हमलों और हत्याओं के कारण पुलिस बैरिकेड, कंटीले तार और Z-क्लास सुरक्षा नहीं आई थी। उस भारत ने तब तक मल्टीप्लेक्स, मॉल, हाईवे और फ्लाईओवर के जरिए तरक्की की राह नहीं पकड़ी थी। वो शांत समय था, जब स्कूल की गैदरिंग और नए साल की पार्टियों का इंतजार रहता था। जिमखाना क्लब के चिकन सैंडविच और फ्रेंच फ्राइज़, रीडिंग रूम और लाइब्रेरी समय बिताने का जरिया थे।

94 लोधी एस्टेट, हमारा नया घर, एक लुटियंस स्टाइल बंगला था, जिसमें एक बड़ा लॉन था। हम लोग घर में डेजर्ट कूलर चलाते थे, जिसकी खस की खुशबू वाली हवा गर्मियों में घर को ठंडा रखती थी। मैंने माउंट सेंट मैरी स्कूल से पढ़ाई की, जो दिल्ली कैंटोनमेंट इलाके में था और हमारे घर से लगभग 10 किमी दूर था। मैं हर सुबह अपने घर के सामने से स्कूल बस लेता। स्कूल में मैं अपने क्लासमेट्स से ठीक से घुल-मिल नहीं पा रहा था, वो लोग बचपन से एक साथ थे और उनके बीच एक अटूट रिश्ता था। मेरी सबसे पक्की याद सड़क के किनारे खड़े होकर झंडे लहराने की है, जब दूसरे देशों के राष्ट्राध्यक्ष हमारे स्कूल के पास से गुज़रते थे।

1971 में जब बांग्लादेश मुक्ति युद्ध नज़दीक आ रहा था, हमारे स्कूल में जोर-शोर से तैयारियां होने लगीं। हमने स्कूल के मैदान में खाइयां खोदीं और साथ निकलने की प्रैक्टिस की; गड्ढों में दुबकना हमारे रुटीन का हिस्सा था क्योंकि भारत, खासकर दिल्ली पर संभावित हमले के बारे में जागरूकता बढ़ रही थी। हमें लगातार याद दिलाया जाता था कि सायरन बजने पर क्या करना था।

उस समय मुझे नहीं पता था कि पा को नेवल इंटेलिजेंस के डायरेक्टर के रूप में तैनात किया गया था और उन्होंने 1,000 मुक्ति वाहिनी कैडरों की ट्रेनिंग के लिए एक सीक्रेट मिशन शुरू किया था। इन कैडर्स में सैनिक, छात्र और नागरिक शामिल थे, जो तत्कालीन पूर्वी पाकिस्तान में बंगालियों पर पाकिस्तानी सेना की कार्रवाई के जवाब में एक साथ आए थे। उन्हें मालवाहक जहाजों पर लिम्पेट खदानों में विस्फोट करने के लिए गुरिल्ला रणनीति और पानी के नीचे के युद्धाभ्यास सिखाए जाने थे। चटगांव बंदरगाह सहित अन्य बंदरगाहों की नाकेबंदी के समय इन कैडर्स की ट्रेनिंग काम आई, जिसने युद्ध में भारत की जीत में योगदान दिया।

हमारे छोटे पग, प्लूटो ने हमें युद्ध की गंभीरता से उभरने का अवसर दिया। वह हमारा प्यार और हमारी ज़िंदगी था। वह हमारी ज़िंदगी में हमारे पोमेरेनियन, चॉपी की मौत के बाद के खालीपन को भरने के लिए आया था। प्लूटो बहुत स्मार्ट था। उसने घर के अंदर आने पर अपने पंजे पोंछना सीख लिया था, उसे अपने दांत ब्रश करवाना पसंद था, वह सीधे बिस्तर पर कूद जाता था और जब कोई नहीं देख रहा होता तो हमसे चिपक जाता था। वह हमारे उन दिनों का साथी था जब टेलीविज़न या मोबाइल फ़ोन नहीं थे। वह सच में अब तक का सबसे प्यारा कुत्ता था और दादा और मैं उसे बहुत प्यार करते थे। जब साल के आखिर में उसकी मौत हुई, तो हमारा दिल टूट गया। दादा ने अपने बिगुल पर 'लास्ट पोस्ट' बजाया, जिसे उन्होंने लॉरेंस स्कूल, लव्डेल में बजाना सीखा था। उनकी आंखों से आंसू बह रहे थे। प्लूटो के जाने के बाद ज़िंदगी अजीब और सपने जैसी लग रही थी। लंबे समय तक, मेरा बचपन दो हिस्सों में बंटा हुआ रहा: एक हिस्सा था प्लूटो के साथ वाला, जो खुशी और आनंद से भरा था, और दूसरा हिस्सा था उसकी जुदाई वाला, एक दुखद सपना जिसे हमने किसी तरह जिया।

1971 की लड़ाई के बाद हम लंदन चले गए, जहां मैंने तुरंत स्कूल के हैम्स्टर फ्रेडरिक को गोद ले लिया। बाद में हमें पता चला कि वह असल में

फ्रेडरिका थी! वीकेंड पर हम स्ट्रॉबेरी फार्म जाते थे, लेक डिस्ट्रिक्ट में कारवां (कार) में छुट्टियां मनाते थे, और स्टर्लिंग कैसल और ग्लासगो तक गाड़ी चलाकर जाते थे, जहां एक बहुत बड़े कुत्ते ने हमारे मोज़े और चप्पल एक ही बार में निगल लिए। दादा और मैं बैंगनी बेल-बॉटम पहनते थे और लंबे बाल रखते थे। मैंने वायलिन बजाना सीखा, मुझे अपनी फ्रेंच टीचर पर क्रश था। मैं क्रिस्टल पैलेस में स्विमिंग करने जाता था, गुरुवार को स्कूल का लंच छोड़ देता था और डलविच गांव में हॉट डॉग, मार्स बार और शैम्पेन लॉली खाने जाता था (यह सब एक पाउंड में आते थे, जो हमारी हफ़्ते की पॉकेट मनी थी)। मैं अपने भाई को खिलौनों की दुकान से डिंकी कारें चुराने में मदद करता था, शाम को कलर टीवी देखता था—द *बेसिल ब्रश शो, वॉयेज टू द बॉटम ऑफ़ द ओशन, स्टार ट्रेक* (ओरिजिनल सीरीज़)—और अपना पहला म्यूज़िकल देखा और साथ में गाया:

जीसस क्राइस्ट
जीसस क्राइस्ट
हू आर यू? वाट हैव यू सैक्रीफाइस्ड?
जीसस क्राइस्ट
जीसस क्राइस्ट
हू आर यू? वाट हैव यू सैक्रीफाइस्ड?
जीसस क्राइस्ट
सुपरस्टार
डू यू थिंक यू आर वाट दे से यू आर?
जीसस क्राइस्ट
सुपरस्टार
डू यू थिंक यू आर वाट दे से यू आर?

जब हमारे पेरेंट्स शाम को बाहर घूमने जाते, तो दादा और मैं हमेशा लड़ते थे। मैं अपने सबसे बड़े चचेरे भाई निपु (तुहिन) से लगातार बहस करता था, जो लंदन में पढ़ाई करते समय हमारे साथ रह रहा था। एक बार, दादा को उसके रोलर स्केट पर गिराने के बाद, मैं भागते हुए घर वापस भागा और उसके चेहरे पर डबल-ग्लेज्ड कांच का दरवाज़ा ज़ोर से बंद कर दिया। अपनी स्पीड रोक न पाने के कारण, वह कांच से टकराकर कालीन वाले हॉलवे में गिर गया, उसके पूरे शरीर पर कांच के टुकड़े लगे थे और खून बह रहा था। यह हम दोनों के लिए दिल दहला देने वाला पल था। मैं यह सोचकर डर गया कि शायद मैंने उसे मार दिया था और जब हमारे पेरेंट्स वापस आएंगे तो क्या होगा। दादा उस घटना में बच गए, और हम मोनोपोली और स्क्रैबल खेलते रहे और उसके स्केलएक्स्ट्रिक सेट पर रेस लगाई - और जब तक नया दिन नहीं हुआ, तब तक लड़ते रहे। मैं अपनी पहली गर्लफ्रेंड को घर लाया, जो अफ्रीकी मूल की एक ब्रिटिश लड़की थी और उम्र में मुझसे डबल थी। मेरे पेरेंट्स उससे मिलकर खुश हुए; हम बगीचे में बैठे और फ्रेडरिका के साथ बॉल खेली, जबकि मेरी गर्लफ्रेंड हमारे कालीन वाले फ़ोयर और कलर टेलीविज़न को देखकर हैरान थी।

एक साल बाद, 1973 में, हम बॉम्बे वापस आ गए। पापा लंदन में भारतीय हाई कमीशन में नेवल अटैची थे, उन्हें खबर मिली कि उन्हें INS विक्रांत का कैप्टन बनाया गया था, जहां उन्होंने पहले INAS 310 स्क्वाड्रन के साथ काम किया। दादा और मेरा एडमिशन फोर्ट इलाके में स्थित कैथेड्रल और जॉन कॉनन स्कूल में हो गया। मुझे स्कूल बहुत पसंद था और मैं डिबेट कॉम्पिटीशन में बेहतरीन परफॉरमेंस देता था—जहां मैंने एक बार एलन पैटन की *क्राई, द बिलव्ड कंट्री* की प्रस्तुति देकर फर्स्ट प्राइज जीता था। उसकी ट्रेनिंग मुझे मशहूर मिसेज़ जेफ़रीज़ ने दी थी। मैंने सीनियर स्कूल के बाहर बिकने वाला स्वादिष्ट कांदा केरी (कच्चा आम और कटी हुई प्याज) चखा और मुझे उसकी लत लग

गई! मैंने हिंदी सीखी और संस्कृत की क्लास ली, जिसमें 'अहम् गच्छामि' जैसे शब्द थे, और अपनी गर्लफ्रेंड का हाथ पकड़कर एलिफेंटा गुफाओं की स्कूल ट्रिप पर गया, जब लहरें फेरी से टकरा रही थीं। मैं हमेशा मुसीबत में पड़ जाता था और अक्सर क्लास टीचर विजया घोष मुझे क्लास से बाहर निकाल देती थीं, क्योंकि मैं उनकी नाक के नीचे शतरंज खेलता था और अपनी क्लास की लड़कियों को जोशीले खत लिखता था।

1977 में, मैं अपने पेरेंट्स के पास दिल्ली लौट आया। हालांकि मैंने पूरी दुनिया घूमी है, लेकिन यह शहर तब से मेरे लिए घर ही रहा है। मैं अपने पेरेंट्स के घर 3 तीन मूर्ति मार्ग से सेंट स्टीफंस कॉलेज के रेजिडेंस में चला गया, और उसके बाद सुंदर नगर में अपने कॉलेज के दोस्त पंकज बाजपेयी के साथ एक किराए की बरसाती में रहने लगा। जब वह दिल्ली छोड़कर चला गया, तो मैं अपने दोस्त मनोज के परिवार, सक्सेना परिवार के साथ आर.के. पुरम में रहने लगा, जहां मैं रिहर्सल और पार्टियों के बाद आधी रात को लौटता था। एक रात, जिस ऑटो-रिक्शा में मैं था, वो उलट गया, जिससे मेरी कोहनी टूट गई। ऑटो वाला नशे में था और रात में ज़ोर-ज़ोर से गा रहा था। घबराए हुए ड्राइवर ने गाड़ी सीधी की और मुझे घर ले गया। जब पिंकी (मंजरी निगम), मनोज की बड़ी बहन ने दरवाज़ा खोला, तो वो मेरी हालत देख हंसने लगी, यह घटना वह आज भी सुनाती है।

यूनिवर्सिटी और कई विद्रोहों के बाद, मैं घर वापस लौट आया था। 27 तुगलक रोड पर। तब तक, पा ईस्टर्न नेवल कमांड के कमांडर-इन-चीफ के पद से रिटायर हो चुके थे और तत्कालीन प्रधानमंत्री इंदिरा गांधी, डॉ. राजा रमन्ना और तत्कालीन रक्षा मंत्री आर. वेंकटरमन के कहने पर भारत सरकार के सचिव के रूप में दिल्ली लौट आए थे ताकि भारत के परमाणु पनडुब्बी कार्यक्रम का नेतृत्व कर सकें।

हमारा नया घर सफदरजंग रोड, पृथ्वीराज रोड और तुगलक रोड के चौराहे पर स्थित था। तीन एकड़ में फैला यह बंगला बदकिस्मती से 1984 के दंगों का

गवाह बना। जैसे ही श्रीमती गांधी की हत्या की खबर फैली, एक पगड़ी पहने सिख को उसके स्कूटर से खींचकर हमारे घर के ठीक बाहर चौराहे पर जला दिया गया। जब हम तीन मूर्ति भवन में श्रीमती गांधी को श्रद्धांजलि देकर लौट रहे थे, जहां उनका पार्थिव शरीर रखा था, तो शहर में फैली हिंसा से सन्न रह गए। मैं तुरंत जोर बाग टैक्सी स्टैंड पर उन सिख ड्राइवरों का पता लगाने गया, जो मुझे रोज़ ऑफिस ले जाते थे। मुझे तब तक ड्राइविंग नहीं आती थी। मैंने उनसे कहा कि जब तक हालात काबू में नहीं आते, वे हमारे घर में पनाह ले लें।

पुनीता और मैं 31 अक्टूबर 1984 को सगाई करने वाले थे, लेकिन इसके बजाय, अगले कुछ दिनों तक हम कनिका सत्यानंद और एक NGO समूह, नागरिक एकता मंच के साथ मिलकर काम करते हुए, संकटग्रस्त सिख समुदायों की हरसंभव मदद में जुट गए। पूर्वी दिल्ली की सड़कें खून से लथपथ थीं, वहां चारों ओर अफरा-तफरी थी। क्षत-विक्षत शवों के बीच से गुजरना बहुत भयानक था; जलते हुए मांस की बदबू, और उन दिनों की तस्वीरें हमें लंबे समय तक परेशान करती रहीं। यह दुख की बात है कि हिंसा करने वाले कई लोगों को आज तक उनके अपराधों के लिए जवाबदेह नहीं ठहराया गया।

पुनीता और मैं थिएटर एक्शन ग्रुप (TAG) में मिले थे; वह मुझसे करीब एक साल बाद ग्रुप में शामिल हुई थीं। उनकी बहन, पूनम, सीता रैना की दोस्त थी, जो TAG की एक एक्टर और एग्जीक्यूटिव मेंबर थीं। पुनीता का हाल ही में बॉम्बे से दिल्ली ट्रांसफर हुआ था, जहां वह वेस्टर्न आउटडोर एडवरटाइजिंग में काम कर रही थीं। दिल्ली में उन्हें अपने दोस्तों की कमी महसूस हो रही थी। मैंने सेंट स्टीफंस में फिलॉसफी पढ़ते समय TAG जॉइन किया था। थिएटर मेरा पैशन था और मेरी कॉलेज लाइफ का ज़्यादातर समय स्ट्रीट थिएटर प्रोडक्शन में काम करते हुए बीता, जिसमें दहेज के लिए दुल्हन को जलाना, दहेज और

महिलाओं के सशक्तिकरण जैसे सामाजिक मुद्दों पर फोकस किया जाता था, साथ ही समाज की कई बुराइयों का विरोध भी किया जाता था।

जब रामजस कॉलेज के एक जाने-माने प्रोफेसर दिलीप सिमोन पर प्रिंसिपल के कथित इशारों पर गुंडों ने हमला किया, तो सिविल सोसाइटी संगठन इस हिंसा के विरोध में आगे आए। इस हमले की वजह से दिलीप छह महीने से ज़्यादा समय तक अस्पताल में जिंदगी और मौत की जंग लड़ते रहे थे। हमने मांग की कि गुंडों को गिरफ्तार और प्रिंसिपल को बर्खास्त किया जाए। लेकिन यह सब कहना आसान था, करना मुश्किल। प्रिंसिपल ने इस्तीफा देने से मना कर दिया और गुंडों के एक गैंग को बुलाकर हमें पिटवाया। प्रिंसिपल के बुलाने पर पुलिस कैंपस में आई और हमलावरों के बजाय हमें ही गिरफ्तार कर लिया। जैसे ही हमारी गिरफ्तारी की खबर फैली, सैकड़ों छात्र आ गए और उस पुलिस वैन को रोक दिया जो हमें लोकल थाने ले जा रही थी। पुलिस घबरा गई और हमें छोड़ने का फैसला किया, लेकिन हमने तब तक पुलिस वैन से उतरने से मना कर दिया जब तक कि हमें पीटने वालों के खिलाफ FIR दर्ज नहीं हो जाती। इस घटना पर खूब बवाल हुआ और आखिरकार पुलिस को हम पर से सारे आरोप हटाकर, हमले की जांच करने के लिए राजी होना पड़ा।

मैंने हमेशा से ही सत्ता में बैठे लोगों की मनमानी के खिलाफ आवाज़ बुलंद की है। इसकी वजह से मैं अक्सर मुश्किलों में भी पड़ा हूं, लेकिन इसका श्रेय शायद मेरे बंगाली खून को दिया जा सकता है। एक बार सेंट स्टीफंस कॉलेज के तत्कालीन प्रिंसिपल, राइट रेवरेंड राजपाल ने हॉस्टल में रहने वालों के लिए नए नियम बनाए, जिनमें छात्रों के लिए हर रात साइन इन करना, सुबह की असेंबली में शामिल होना, और हॉस्टल के कमरों की खिड़कियों पर कागज़ न चिपकाना शामिल था। तो इसके विरोध में मैं उनके ऑफिस के सामने एक बड़े व्यंग्यात्मक पोस्टर के साथ भूख हड़ताल पर बैठ गया। जो चीज़ प्रैक्टिकल जोक (PJ) वीक के दौरान एक मज़ाक के तौर पर शुरू हुई थी, वह एक आंदोलन

बन गई। हॉस्टल में रहने वालों ने कार्रवाई के समर्थन में डाइनिंग हॉल में खाना खाना बंद कर दिया। हालांकि प्रिंसिपल मुझसे उनकी अथॉरिटी पर सवाल उठाने के लिए नफरत करते थे, लेकिन वह ज़्यादा कुछ नहीं कर सके और उन्हें हमारे प्रोफ़ेसरों द्वारा रखी गई कुछ मांगों को अनिच्छा से स्वीकार करना पड़ा।

जब पाकिस्तान के राष्ट्रपति ज़िया-उल-हक को कॉलेज में बुलाया गया, जो उनका अल्मा मातेर था, तो हमने एक सिग्नेचर कैंपेन चलाया। यह कैम्पेन एक तानाशाह के सेंट स्टीफंस में दाखिल होने के विरोध में था। ऐसा कॉलेज जहां कभी सी.एफ. एंड्रयूज जैसे स्वतंत्रता सेनानी, जो महात्मा गांधी के करीबी थे, ने पढ़ाया था, वहां किसी तानाशाह का आना इसकी प्रतिष्ठा का अपमान था। इससे प्रिंसिपल बहुत निराश हुए, जो एक राष्ट्राध्यक्ष का स्वागत करने और उस गौरव का आनंद लेने के लिए पूरी तरह तैयार थे।

अपनी एक्टिविस्ट प्रतिबद्धताओं के कारण, मैं मुश्किल से ही क्लास अटेंड करता था और मेरे प्रोफेसर, हमारे डिपार्टमेंट के दिग्गज हेड और एक कुलीन दार्शनिक डॉ. गुप्ता को छोड़कर, पहले दो टर्म में मुझसे नहीं मिले थे। साल खत्म होते-होते मैंने अपने पेरेंट्स को एक ख़त लिखा, जिसमें उन्हें बताया कि इस आरामदायक लाइफ में मैं कितना असहज महसूस कर रहा था, और मैं अपना जीवन उन लोगों के उत्थान के लिए समर्पित करना चाहता था जिनकी कोई आवाज़ नहीं थी। मैं बिहार और उत्तर प्रदेश के गांवों में जाकर लोगों की भलाई के लिए काम करना चाहता था। दादा, परिवार के सबसे समझदार व्यक्ति जो दिल्ली स्कूल ऑफ इकोनॉमिक्स में मास्टर्स की पढ़ाई कर रहे थे, मुझसे मिलने आए। उन्होंने एक प्रैक्टिकल सलाह दी कि यह बहुत अच्छी बात थी कि मैं दुनिया को बचाना चाहता था। लेकिन सच यह भी था कि मैं एयर कंडीशनिंग और कभी-कभी चिकन सैंडविच के बिना गांव के जीवन की कठिनाइयों को नहीं झेल पाऊंगा। और मेरी सारी क्रांति किसी लिमोसिन की खिड़की से बाहर बम फेंकने तक सीमित रह जाएगी। उनकी बातों का मुझ पर असर हुआ और

मैं सोचने लगा कि इस स्थिति को सबसे अच्छे तरीके से कैसे सुधारा जाए। उसी दौरान फिलॉसफी डिपार्टमेंट में मेरे क्लासमेट पंकज बाजपेयी, प्रो. विजय 'टैंक्स' तंखा के साथ एक स्टूडेंट फिल्म डायरेक्ट कर रहे थे। उन्हें एक एक्टर की ज़रूरत थी और उन्हें लगा कि मैं रितु सहगल और राधे प्रताप सिंह के साथ एक ब्रेन-वर्सेस-ब्रॉन लव ट्रायंगल में भूमिका के लिए फिट रहूंगा।

टैंक्स ने मुझे एक नोट भेजा जिसमें लिखा था कि अपने फाइनल एग्जाम देने के लिए मुझे अपनी अटेंडेंस ठीक करनी होगी। उनकी फिल्म में काम करने पर वे अटेंडेंस और कोर्स कवर करने में मेरी मदद करेंगे। यह एक ऐसा ऑफर था जिसे मैं मना नहीं कर सका। मैं शूटिंग के लिए चला गया, जो बहुत मज़ेदार था; मेरी प्रोफ़ेसर वोहरा और तंखा के साथ तुरंत अच्छी दोस्ती हो गई, और एक लंबे दिन की शूटिंग के बाद हम कॉलेज कैफे में कीमा और स्क्रैम्बल्ड अंडे खाते थे, या रोहतास के ढाबे पर बन समोसा खाते। वे हमें प्लेटो और सुकरात, लॉजिक और भारतीय दर्शन की बुनियादी बातें बताते, जो सब बहुत दिलचस्प था।

एग्जाम आ गए और शायद ये कोई मैजिक ही था कि मैंने पहले साल में यूनिवर्सिटी टॉप किया। इसका पूरा श्रेय मैं अपने प्रोफ़ेसरों द्वारा ली गई स्पेशल क्लासेस और अपनी खराब हैंडराइटिंग को देता हूं, जिसे शायद एग्जामिनर समझ नहीं पाया होगा।

1980 में, मुझे लेडी श्री राम कॉलेज में आभा सूद द्वारा निर्देशित द *डायरी ऑफ़ ऐन फ्रैंक* में पीटर के रोल के लिए कास्ट किया गया। इसके तुरंत बाद, टैंक्स ने सुझाव दिया कि मुझे TAG के लिए ऑडिशन देना चाहिए क्योंकि वे एक नए प्रोडक्शन के लिए कास्टिंग कर रहे थे। मैं माधव डार के साथ गया, जिसने कॉलेज में एमेच्योर थिएटर सोसाइटी बनाई थी, जिसकी वजह से हम बहुत मुसीबत में पड़ गए थे और नतीजतन उसे हॉस्टल से निकाल दिया गया था। खैर हमें पीटर शैफ़र के *अमाडेउस* में वेंटिसेली के रूप में कास्ट किया

गया। यह एक शानदार प्रोडक्शन था जिसमें सिद्धार्थ 'बाबू' बसु ने मोजार्ट की मुख्य भूमिका निभाई थी और लिलेट दुबे ने उनकी पत्नी कॉन्स्टेंस का किरदार निभाया था, जिसमें बैरी जॉन खुद सैलियरी का किरदार निभा रहे थे।

एक बार अपनी लाइन्स याद करने के बाद, बैरी का कोई मुकाबला नहीं होता था। TAG के आर्टिस्टिक डायरेक्टर के रूप में उनकी ख़ासियत आधुनिक और भव्य मंच सज्जा थी। वह शहर के बेस्ट टैलेंट को चुनते थे, जिनमें सेंट स्टीफंस, मिरांडा हाउस और लेडी श्री राम कॉलेज के छात्र शामिल थे। आभा सूद एडम्स, अमित भाटिया, आशा कोचर, भरत कपूर, खालिद तैयबजी, लैला तैयबजी, लिलेट दुबे, लुशिन दुबे, मोहित सत्यानंद, मीरा नायर, पामेला रूक्स, रवि और राजीव दुबे, रोहित खोसला, राधिका सिंह, संजीव आहलूवालिया, सीता रैना और विद्युन सिंह उन कई जानी-मानी हस्तियों में से कुछ थे, जिन्हें TAG ने चुना था। बाद में, दिव्या सेठ, दीपिका देशपांडे, मनोज बाजपेयी, लिन फर्नांडीज, रितुराज सिंह, शाहरुख खान, विवेका कुमारी, बेनी थॉमस, रंगनाथन, गायत्री विश्वनाथन, रेवती और वेंकट डेली वर्कशॉप और रिहर्सल के साथ एक्टिव मेम्बर्स के रूप में शामिल हुए।

TAG एक ऐसी जगह थी जहां बहुत ज़्यादा जुनून था और वर्कशॉप और प्रोडक्शन के ज़रिए कई रोमांस पनपे, जिसके परिणामस्वरूप लिलिट और रवि दुबे, विद्युन सिंह और संजीव सिंह आहलूवालिया (अहलू), विवेका कुमारी और सेसिल कादिर, लुशिन और प्रदीप दुबे, मोहित सत्यानंद और प्रेमिला नाज़रेथ सहित कई लोगों की शादियां हुईं।

जब पुनीता TAG में शामिल हुईं, तो वो मुझे बिल्कुल पसंद नहीं करती थीं। पर जैसा कि फिल्मों में होता है, ये नाराजगी ज़्यादा समय तक नहीं रही और जल्द ही हम एक-दूसरे से अलग नहीं हो पाते थे। हम रात-रात भर पार्टियां करते थे, जिससे उनके पिता बहुत नाराज़ होते थे। जब पुनीता को चिकनपॉक्स हुआ, तो मैं उनके पिता को खुश करने के लिए स्पोर्ट्स पेज पढ़ता था और

रोज़ाना उनके घर जाकर उनका साथ देता था। कुछ समय बाद, पुनीता ने तय किया कि मुझे कमिटमेंट करना होगा। मुझे अल्टीमेटम मिल गया था, जिसके बाद हमने नई दिल्ली काली बाड़ी में सगाई करने का फैसला किया, जहां हमने कसमें खाईं; डेढ़ साल बाद, हमारी औपचारिक रूप से शादी हो गई।

थिएटर मेरी ज़िंदगी और जुनून बना रहा। मेरे दिन जंगपुरा में बैरी की बरसाती में प्रोडक्शन का काम करते हुए बीतते, और शामें ब्लाइंड स्कूल में रिहर्सल करते हुए। और फिर जल्दी से कपड़े बदलकर पार्टी का टाइम हो जाता था! थिएटर वर्कशॉप और रिहर्सल ने हमें—लिन, विवेका, पुनीता और मुझे—एक छोटे से, खुद में खोए हुए ग्रुप में बांध दिया, और ग्रेजुएशन के बाद के उन दिनों में हम एक-दूसरे के बिना नहीं रह पाते थे। हम पुनीता को लेने जाते और फिर वसंत विहार में विवेका के घर, जहां आंटी हर्षद (कुमारी), बा साहेबा, जामनगर की पूर्व राजकुमारी, हमेशा खाने-पीने का इंतज़ाम रखती थीं। उनके घर की लहसुन और धनिया की चटनी के साथ गुजराती थेपले, तरह-तरह के अचार, मिठाइयां, दालें, मछली, सोंट्रेली रान मुझे बहुत पसंद थे। जब हम विवेका के घर नहीं होते थे, तो हमारा डेरा वसंत विहार में हिल व्यू ड्राइव पर लिन के घर जमता। वहां आंटी जून सबसे शानदार काठी रोल और मटन चॉप्स बनातीं, जिन्हें हम जितना भी खाते, कम लगता था। या फिर हम राव के पद्मिनी एन्क्लेव वाले घर जाते थे, जहां मोना और सीमा सबसे ज़्यादा शराब वाली डांस पार्टियां देती थीं, जिसमें स्वादिष्ट साउथ इंडियन खाना और बढ़िया म्यूज़िक होता था। देर रात हम पंडारा रोड पर पिंडी या हैवमोर में कबाब और ब्रेन करी, बटर चिकन और रारा मीट खाने जाते थे। खास मौकों पर हम ताज के माचन कॉफी शॉप में हॉट चॉकलेट फज और क्लब सैंडविच खाने जाते थे। ऐसा अक्सर पुनीता के पैसों से होता था, जो हमारे थिएटर ग्रुप में अकेली कमाने वाली थी। इसके बाद, हम गिरते, पड़ते हुए घर जाकर सो जाते थे।

पा अक्सर पुनीता से पूछते थे: 'और मैं अपने छोटे बेटे के बारे में क्या बताऊं? मेरा बड़ा बेटा न्यूक्लियर इकोनॉमिस्ट और फिजिस्ट है; मैं संजॉय के बारे में क्या कहूं?' मेरे ससुर ने भी हमारी शादी से पहले मुझसे पूछा था कि मैं गुज़ारा करने के लिए क्या करता हूं। मैंने उन्हें बताया कि मैं थिएटर में काम करता था और 1,000 रुपये महीना कमाता हूं। यह पूछे जाने पर कि इससे उनकी बेटी का गुज़ारा कैसे होगा, मैंने जवाब दिया कि उनकी बेटी वेस्टर्न आउटडोर एडवरटाइजिंग की मैनेजर थी और वह हमारा खर्च उठाएगी। यह निश्चित रूप से अपनी होने वाली दुल्हन के पिता को समझाने के लिए मज़बूत तर्क नहीं था, और इसी वजह से मैंने बॉबी और वर्षा बेदी की नई बनी टीवी कंपनी, बी.वी. वीडियोग्राफिक्स को जॉइन किया। हमने भारत के नेशनल ब्रॉडकास्टर, दूरदर्शन के पहले गेम शो *टेलीफन* को डायरेक्ट किया।

हमारे तुगलक रोड वाले घर में एक बड़ा ड्राइववे था जिसमें अलग-अलग एंट्री और एग्जिट गेट थे। एक आउटहाउस था जो पा के होम ऑफिस का भी काम करता था और पीछे की तरफ बड़े-बड़े लॉन थे। सबसे आखिर में गैरेज और स्टाफ क्वार्टर थे जहां माली, धोबी, कुक निर्मला और उसका बेटा बेचू, और घर के दूसरे स्टाफ रहते थे।

ड्राइंग रूम के दोनों तरफ दो मास्टर बेडरूम थे, जिनमें अटैच्ड बाथरूम थे। पहले के समय में, ये बड़े साहब और उनकी मेमसाहिब के लिए थे, जिनकी देखभाल उनके पर्सनल स्टाफ अलग-अलग करते थे। (वैसे देखा जाए तो, ये बहुत अच्छे इंतज़ाम थे, मुझे लगता है कि इनकी वजह से कपल्स के बीच आजकल की तुलना में बहुत कम झगड़े होते होंगे। अब जब बाथरूम शेयर करने पड़ते हैं और साफ-सफाई और व्यवस्था के स्टैंडर्ड अलग-अलग होते हैं।)

फैमिली रूम में फॉल्स सीलिंग, एयर कंडीशनर और टीवी था; रात में यही रूम मेरा बेडरूम बन जाता था। पीछे का बरामदा बहुत पहले ही डाइनिंग एरिया में बदल दिया गया था, जहां से आप लॉन में जा सकते थे—जहां मोर घूमते थे, गिलहरियां दौड़ती थीं और आम और जामुन के पेड़ सर्दियों की धुंध में जादुई माहौल बनाते थे।

ड्राइववे के आखिर में, ऊंची झाड़ियों और पेड़ों से घिरी जगह पर, रियाज़ भाई ने TAG के थिएटर प्रोडक्शन के लिए कई सेट बनाए। इन सेट्स का डिजाइन बैरी जॉन ने बनाया था। *नोइसेस ऑफ* का घूमने वाला बेशकीमती सेट, *ए मैप ऑफ़ द वर्ल्ड, मेटामोरफोसिस* और *रफ क्रोसिंग* के सेट वहीं बनाए गए थे। और *टेलीफन* के प्रॉप्स भी यहीं बनते थे।

मेरे सपने हमेशा बड़े थे, यूं कह सकते हैं कि 70 mm में थे। ये सपने कुछ हद तक दिन की घटनाओं से प्रेरित होते थे। इन सपनों में उस किताब की तस्वीरें होती थीं, जिसे मैं पढ़ रहा होता था, या कोई ऐसी फ़िल्म जो हमने हाल ही में देखी हो। मैं वैसे भी ठीक से सो नहीं पाता था, इसलिए म्यूज़िक ही मेरे लिए शांत होने का एकमात्र तरीका था। इन सालों में, पिंक फ़्लॉइड, कार्ली साइमन, एल्विस प्रेस्ली, द बीटल्स, द ईगल्स, सुपरट्रैम्प, बीथोवेन, मोज़ार्ट, साइमन एंड गार्फंकेल, क्वीन, बॉन जोवी, स्टिंग, बड़े गुलाम अली खान, जगजीत और चित्रा सिंह, ABBA और बोनी M सभी ने मेरे लगातार बढ़ते ऑडियो कलेक्शन में जगह बनाई थी। उस समय, टर्नटेबल और LP रिकॉर्ड प्लेयर इतिहास बन गए थे। हमारे पास एक बिल्कुल नया कैसेट प्लेयर था, साथ ही एक पोर्टेबल थ्री-इन-वन डिवाइस भी था जिसमें रेडियो, टीवी और कैसेट प्लेयर था और उसमें ऑटोमैटिक स्टॉप फ़ंक्शन था। शायद इसी स्टॉप बटन की क्लिक की आवाज़ मेरे बुरे सपनों का कारण थी।

कई रातों को, मेरी नींद किसी डरावनी मौजूदगी के एहसास से खुल जाती थी। ऐसा लगता था मानो कोई परछाई मेरे बिस्तर के ठीक ऊपर मंडरा रही

थी। मैं खुद को छुड़ाने के लिए संघर्ष करता, मैं चिल्लाने की कोशिश करता, लेकिन आवाज़ गले में ही फंसी रह जाती। जबकि कोई काला साया कमरे में फैलकर, मेरे फेफड़ों से ऑक्सीजन खींच लेता। मेरी चीख गले में ही घुट जाती और ऐसा लगता मानो मुझे लकवा मार गया हो। मेरे रोंगटे खड़े हो गए, माथे पर पसीना आ गया, और मैं बेबस पड़ा रहा, उस आत्मा की मौजूदगी से घिरा हुआ, जो बिना हिले मुझे घूर रही थी, उसकी खून जैसी लाल आंखें गुस्से से भरी हुई थीं। अपनी नींद के लकवे से लड़ते हुए, मैं जल्दी से लाइट जलाने की कोशिश करता और वह मौजूदगी गायब हो जाती। मैं चुपचाप घर में घूमता, दूर एयर कूलर की हल्की आवाज़ आ रही होती, गार्ड अपनी ड्यूटी पर होता और मेरे पेरेंट्स गहरी नींद में सो रहे होते। मैं ठंडा पानी पीकर, जितनी हो सके उतनी लाइटें जलाकर और सभी कमरों और बाथरूम को चेक करके खुद को शांत करने की कोशिश करता, फिर बेमन से बिस्तर पर वापस चला जाता।

ये घटनाएं कई महीनों तक रेगुलर इंटरवल पर होती रहीं और कुछ साल बाद, जब इसी तरह की एक घटना के दौरान मैं अचानक जाग गया, तो मैंने सोचा कि क्या यह कैसेट प्लेयर था जिसकी क्लिक की आवाज़ ने मेरे अंदर के गहरे डर को जगा दिया था।

3

तांत्रिक

खजुराहो

शिव सागर लेक में उतरी सूरज की किरणें पिघले सोने की तरह प्रतीत हो रही थीं और किनारे लगे अशोक के पेड़ों के बीच से हवा सनसनाती हुई बह रही थी। खजुराहो के पश्चिमी मंदिर समूह का निर्माण एक सहस्राब्दी पहले हुआ था। ये मंदिर युद्धों और विजयों, उत्सवों और विनाश के एक हजार वर्षों का प्रतीक हैं। समय के साथ, वे धीरे-धीरे लताओं, झाड़ियों, पेड़ों और झाड़ियों के एक निरंतर फैलाव के नीचे दब गए, जो चारों ओर के जल निकायों से पोषण लेते थे।

हमारी सभी प्रकार के पूजाओं का आधार प्रकृति ही रही है। उसी प्रकृति ने यहां पुनः भूमि पर अधिकार कर लिया था, यह मनुष्य के विरुद्ध अंतिम विजय थी। मनुष्य केवल विनाश को ही महिमा का मार्ग मानता आया था, वो लालच और अहंकार से प्रेरित था, तथा यह भूल गया था कि हमारे इस भूमि पर चलने से बहुत पहले, तथा शायद बहुत बाद तक, केवल प्रकृति ही प्रबल रहेगी।

1838 में ब्रिटिश आर्मी कैप्टेन टी.एस. बर्ट घने जंगलों से होते हुए यहां पहुंचे, और यहां बने मंदिरों की भव्यता और विशालता देखकर चकित रह गए।

इन मंदिरों पर सुघड़ता से उकेरी गई पुरुष और महिलाओं की कलाकृतियां मानो श्रृंगार और यौन ऊर्जा के विभिन्न चरणों का आनंद ले रही थीं। हाथियों और घोड़ों के राजसी जुलूस पत्थर में बनाए गए थे और एक संपन्न आर्थिक समुदाय, खर्जुरावाहक का प्रतिनिधित्व करते थे। ये वो जगह थी, जहां राजा-रानियों के साथ-साथ धनी व्यापारी भक्ति भाव से आते थे, और अपने मंगल भविष्य की कामना करते थे। वो शत्रुओं पर विजय, अच्छी सेहत, प्यार और अपार धन की लालसा रखते थे।

नौवीं और बारहवीं सदी के बीच चंदेल वंश द्वारा बनाए गए खजुराहो मंदिर अपनी नागर शैली की वास्तुकला के लिए जाने जाते हैं–जिसमें गर्भगृह से ऊंचे, घुमावदार टावर या शिखर ऊपर उठते हैं। पश्चिमी, पूर्वी और दक्षिणी समूहों में लगभग पचासी मंदिर थे, जिनमें से आज केवल पच्चीस ही बचे हैं। ये मंदिर हिंदू या जैन धर्म के थे।

मंदिरों का पश्चिमी समूह सबसे प्रभावशाली है और इसमें शानदार कंदरिया महादेव मंदिर शामिल है, जहां अभी भी हर शिवरात्रि को भगवान शिव और उनकी पत्नी शक्ति के मिलन का उत्सव मनाने के लिए जुलूस और अनुष्ठान आयोजित किए जाते हैं। लक्ष्मण मंदिर और वराह मंदिर भगवान विष्णु को समर्पित हैं। वराह मंदिर में विष्णु के वराह अवतार की एक ही पत्थर की मूर्ति है, जो पाताल लोक में जाकर भैरवी–धरती माता–को बचाने के लिए जाते हैं, जिन्हें राक्षस राजा हिरण्याक्ष ले गया था। इससे धरती पर अराजकता और विनाश फैल गया था।

इस मशहूर मंदिर शहर के मुख्य पुजारी या तांत्रिक चंदेल दरबारों के सबसे शक्तिशाली लोगों में से थे। उन्हें उन देवताओं का द्वारपाल माना जाता था, जिनकी वे पूजा करते थे, और उन राजाओं और रानियों का भी जिनकी वे सेवा करते थे; वे शक्तिशाली मंत्रों का इस्तेमाल करके उन याजकों को आशीर्वाद

देते थे या उन लोगों को नष्ट कर देते थे, जिन्हें वे अपनी शक्ति और अस्तित्व के लिए खतरा मानते थे।

नौवीं सदी के आखिर में बना चौसठ योगिनी परिसर, इस शहर की सबसे पुरानी इमारतों में से एक है। चौंसठ योगिनियों को समर्पित यह मंदिर दिव्य स्त्री शक्ति के अलग-अलग रूपों को दर्शाता है। गोलाकार में बना ये मंदिर वास्तुकला की दुर्लभ मिसाल है।

1999 में, इन मंदिरों की हज़ारवीं सालगिरह और मिलेनियम का उत्सव मनाने के लिए, होटल ताज खजुराहो के मालिक प्रमिला और कांति पोद्दार ने, आर्कियोलॉजिकल सर्वे ऑफ़ इंडिया (ASI), मध्य प्रदेश राज्य सरकार और कॉन्फ़ेडरेशन ऑफ़ इंडियन इंडस्ट्री (CII) के साथ मिलकर, भारत के राष्ट्रपति को यहां आने के लिए आमंत्रित किया था। हमारी कंपनी, टीमवर्क को, ASI के तत्कालीन डायरेक्टर जनरल अजय शंकर ने इस अवसर पर एक सांस्कृतिक कार्यक्रम आयोजित करने का काम सौंपा था।

इस बड़े कार्यक्रम की तैयारी में हम कई बार खजुराहो गए, मंदिर परिसर के इतिहास और वास्तुकला परंपरा से अच्छी तरह वाकिफ हुए, और तांत्रिक पूजा के उन पहलुओं के बारे में जाना जो मूर्तियों और पत्थरों पर उकेरे गए यंत्रों से साफ दिखते थे। हमारा दिन वहां आयोजन की तैयारी में जा रहा था। शिव कुंड को मौजूदा नहरों का इस्तेमाल करके स्थायी तरीके से पानी से भरने और भविष्य में भी इसकी बहाली की व्यवस्था; शहर को साफ करने के लिए जिला कलेक्टर और कमिश्नर के साथ काम; स्थानीय कारीगरों, होटलों और गांव वालों को साथ लाने; और परिसरों के साइनेज और लाइटिंग के लिए इंडियन नेशनल ट्रस्ट फॉर आर्ट एंड कल्चरल हेरिटेज के आर्किटेक्ट्स के साथ समन्वय के बाद हम हर शाम नए खुले ललित होटल में वापस आकर आगे की चुनौतियों पर विचार-विमर्श करते।

इस शो में एक शानदार जुलूस की कल्पना की गई थी, जिसमें एक बहुत बड़ा तैरता हुआ मंच शामिल था–जिसे कठपुतली कलाकार दादी पुदुमजी ने सूरज के रूप में डिज़ाइन किया था। इस पर सैकड़ों संगीतकार और कलाकार प्रस्तुति देने वाले थे, और इस जश्न का समापन आतिशबाजी और पेपर की एक हज़ार लालटेन आसमान में छोड़ने के साथ होने वाला था। यह मिलेनियम का जश्न था। शिव कुंड पर इस शानदार प्रोडक्शन को बनाने की चुनौतियां काफी थीं। यह शहर खुद सात गांवों का एक समूह था और यहां होटलों और उनमें मिलने वाले आराम और खाने की सुविधाओं के अलावा कोई इंफ्रास्ट्रक्चर या सुविधाएं नहीं थीं। लाइटिंग और साउंड सिस्टम से लेकर आतिशबाजी की जटिलताओं तक, हर प्रॉप को ढूंढना या बनाना पड़ता और फिर उन्हें गड्ढों वाली सड़कों से शहर में लाना भी एक चुनौती था। हमने आर्मी से एक ऐसा राफ्ट बनाने का अनुरोध किया, जो स्थिर और चलाने में आसान हो और साथ ही कई संगीतकारों और कलाकारों को ले जा सके क्योंकि यह शिव कुंड के पार जुलूस का मुख्य आकर्षण होने वाला था। इसमें से ज़्यादातर काम मध्य प्रदेश के तत्कालीन मुख्यमंत्री दिग्विजय सिंह के व्यक्तिगत हस्तक्षेप से संभव हुआ, जो निर्णय लेने की तात्कालिकता को समझते थे और उस लालफीताशाही को खत्म करना चाहते थे, जिसकी वजह से हमारा काम लगभग असंभव हो जाता। वह नियमित रूप से मीटिंग्स में बैठते, यह सुनिश्चित करते कि हमें अपने विज़न को पूरा करने और राष्ट्रपति के दौरे से जुड़े प्रोटोकॉल की छोटी से छोटी बातों से निपटने में स्थानीय प्रशासन से हरसंभव समर्थन मिले।

एक शाम, ललित होटल के मेरे सुइट में हम सब एक साथ बैठे थे और शो के फ्लो पर काम करने में डूबे हुए थे। इस शो की सटीक टाइमिंग के लिए अलग-अलग डिपार्टमेंट और परफॉर्मर्स के साथ कई रिहर्सल की ज़रूरत थी, ताकि सब कुछ बिना किसी गलती के हो सके। आइडिया यह था कि फ्लोट प्रेसिडेंशियल प्लेटफॉर्म के पास आए, म्यूज़िक अपने चरम पर पहुंचे और

आतिशबाजी से आसमान जगमगा उठे, और जैसे ही ये खत्म हो, पेपर के एक हज़ार लालटेन जलाकर रात के आसमान में छोड़ दिए जाएं।

लगातार चलने वाली मीटिंग्स से थककर, पुनीता बिस्तर में लेट गई थीं। सफ़ेद लिनेन की चादर ओढ़े, वो हमारी चल रही बातचीत से बेखबर होकर गहरी नींद सो गई थीं। मैं हमेशा उनकी इस काबिलियत पर हैरान होता हूं कि वह जगह, शोर या आसपास की रोशनी की परवाह किए बिना गहरी नींद सो जाती हैं। ऐसा कुछ जो मेरे लिए करना लगभग नामुमकिन है।

हमारी प्रोडक्शन टीम, जिसमें शरूपा, मनिका, दीपाली, दीपिका, वंदना, यामिनी और दिलीप शामिल थे, बिस्तर के पास एक घेरा बनाकर बैठे थे। कुछ लोग बिस्तर से टिके हुए थे या तकियों के सहारे बैठे थे, जबकि दूसरे कुर्सियों पर बैठे थे। जहां मैं बैठा था, वहां से मुझे पुनीता बिस्तर पर सोई हुई दिख रही थीं। अचानक, जो चादर उन्होंने ओढ़ रखी थी, वह हवा में ऊपर उठने लगी, और पुनीता का पूरा शरीर कांपने लगा। मैं जल्दी से उठकर, उनकी तरफ भागा। उनका नाम पुकारते हुए, उन्हें जगाने की कोशिश में, लेकिन कोई फायदा नहीं हुआ। उनका शरीर और चादर झील में हवा से चलने वाली लहरों की तरह हिल रहे थे, जब तक कि कंपन बंद नहीं हो गया। फिर वो उठीं, उन्हें पता ही नहीं था कि क्या हुआ था, और हम सबके डरे हुए चेहरे देखकर वह परेशान हो गईं।

हमने उन्हें घटना के बारे में बताया और उनसे पूछा कि क्या उन्होंने कुछ महसूस किया। उसने कहा कि उसे कुछ भी महसूस नहीं हुआ और उसे बिल्कुल भी पता नहीं था कि क्या हुआ था। मैंने पुनीता को पकड़ लिया, यह तसल्ली पाने के लिए कि सब ठीक था, जबकि बाकी लोग, पूरी तरह से डरकर, सुइट से भाग गए और अपने-अपने कमरों में चले गए।

वह समारोह शानदार रहा, और राष्ट्रपति के.आर. नारायणन की यात्रा भी सफल रही। इस कार्यक्रम ने खजुराहो को कुछ समय के लिए ख़बरों का केंद्र बना दिया और थोड़े समय के लिए इसकी अर्थव्यवस्था में भी योगदान दिया।

दिल्ली लौटने पर भी हम उस रात के बारे में सोच-सोचकर परेशान थे। हम कार्मिक रिसर्च सेंटर (केआरसी) गए और अपने गुरुदेव, हमारे सिद्ध गुरु से सलाह ली।

गुरुदेव हमेशा शांत रहते थे और सबसे जटिल स्थितियों को भी गहराई से समझते थे। उन्होंने सुझाव दिया कि पुनीता पास्ट लाइफ रिग्रेशन थेरेपी ले। एक गाइडेड मेडिटेशन के ज़रिए, वे उसे कई जन्म पीछे हज़ार साल पहले खजुराहो ले गए, जहां वह ज़ाहिर तौर पर एक तांत्रिक पुजारिन थी। मैं एक शक्तिशाली तांत्रिक मुख्य पुजारी था जिसने अपनी स्थिति और शक्तियों का दुरुपयोग आत्म-प्रशंसा के लिए किया था, और लालच और अहंकार से भरकर, यौन संतुष्टि की तलाश की थी।

पुनीता ने तपस्या करके सिद्धियां (या शक्तियां) हासिल की थीं ताकि आध्यात्मिक विकास और आत्म-साक्षात्कार मिल सके। वह मुझे चुनौती देने खजुराहो आई थी, लेकिन लगता है वह असफल रही, और मेरी शक्तियों और जादू ने उसे पागलपन की हद तक पहुंचा दिया था। यह मामला और भी उलझ गया क्योंकि इस जन्म के दोस्त भी उस समय मौजूद थे, जो मुख्य तांत्रिक के सहायक, दलाल और डिप्टी के रूप में अहम भूमिका निभा रहे थे, और खजुराहो की पृष्ठभूमि में हुई इस त्रासदी से वे सभी प्रभावित हुए थे।

हजार साल बाद, ऐसा लगता है कि हम सभी ने इस जन्म में एक साथ फिर से जन्म लेने का फैसला किया था ताकि अपने उलझे हुए कर्मों को सुलझा सकें और एक-दूसरे को माफ करने और ठीक होने के तरीके खोज सकें। हमें अब भी ठीक से नहीं पता कि उस रात क्या हुआ था और पुनीता को क्या हो गया था, लेकिन उसके लहराते शरीर की छवि मेरे मन में साफ-साफ बसी हुई है।

4

खून ही खून

सफदरजंग एन्क्लेव, नई दिल्ली

एक तेज चीख से, हम गहरी नींद से सकपकाकर जगे! हमने देखा कि हमारा दो साल का बेटा, घबराई हुई नज़रों से, बाहर अंधेरे में देख रहा था। वो बड़बड़ा रहा था, 'वो आ रही हैं'।

तकिये और चादर खून से सने थे, सफ़ेद चादर पर बहता हुआ लाल खून, खिड़की से आते चांद की रोशनी में चमक रहा था। बाहर एक विशाल पीपल का वृक्ष अपनी बाहें फैलाए खड़ा था, मानो वो भटकती रूहों को अपने आगोश में समाने के लिए आमंत्रित कर रहा हो।

दक्षिणी दिल्ली का सफदरजंग एन्क्लेव कब्रिस्तान पर बसा था। जब निर्माण कार्य में लगे मजदूरों ने काम शुरू किया तो उन्हें यह समझ में नहीं आया कि वे उन आत्माओं को कुचल रहे थे जो दफना दी गई थीं। कुछ को खंजर या तलवार से मारा गया था, कुछ को दरबारी षड्यंत्रों या छोटी-मोटी लड़ाइयों में हताहत किया गया था। भूत-प्रेतों को अपना सांसारिक निवास स्थान छोड़कर नए आवास

लेने पड़े, इसलिए उनके पास पीपल के वृक्ष की कोख में शरण लेने के अलावा कोई अन्य स्थान नहीं था। वे वहां बैठे, उन घरों की खिड़कियों में झांक रहे थे जिन्होंने उन्हें विस्थापित कर दिया था। उनका भी मन था कि वो पारिवारिक समारोहों का हिस्सा बनें, कबाब और मिठाइयों से सजी मेज़ों पर दावत उड़ाएं, मंद रोशनी वाले गलियारों में उत्साह के साथ दौड़ें, जीवन को फिर से महसूस करें! कभी-कभी वे हमारी तीसरी मंज़िल पर बने, पुनीता के ऑफिस में आ जाते थे और उनके साथियों को इतना डरा देते थे कि उनकी हालत खराब हो जाती थी।

सफदरजंग एन्क्लेव के इस घर में हम 1988 की गर्मियों में रहने आए थे, और यहां अक्सर कुछ अजीबोगरीब घटनाएं घटती रहती थीं। पुनीता के ऑफिस में काम करने वाले उनके कलीग लेनी और महेश ने अक्सर दरवाजे के पीछे बिना सिर वाले सैनिकों को आराम करते हुए देखा था; या जंजीरों में जकड़ी आत्माएं छत पर घूमती हुई दिखती थीं। ये शायद किसी फिल्म कंपनी में होने वाली हलचल को देखने आते थे। या शायद वो खुद ऑडिशन देना चाहते थे, या हमसे कोई बात करना या सिर्फ एक कप चाय उनकी ज़रूरत हो? या शायद बस ऐसे ही किसी आदमी को छूना, जो उनकी वर्तमान वास्तविकता में नहीं था।

मैं दूर से आती आवाजों को बखूबी समझ जाता था, फिर चाहे वो दरवाजे के पार से सुनाई पड़ते कुछ टूटे शब्द, या किसी दीवार के पीछे चल रही गर्म बहस हो। मेरी सुनने की शक्ति हमेशा से बढ़िया रही थी। बिस्तर पर बिना नींद के पड़े हुए, मैं अक्सर उन रूहों की आवाज़ भी सुन सकता था, जो अपनी बातें कहने को बेताब हों। ये मज़ेदार था! एयर कंडीशनर की धीमी आवाज़ से भरे उनींदे कमरे में इन 'दूसरों' से बात करना तब तक मज़ेदार लगता, जब तक यह बहुत ज़्यादा हावी नहीं हो जाता। कमरे के कोने दीवारों से सटी अस्पष्ट आकृतियों से भरे हुए थे, जो मंद रोशनी में बाहर निकलने से डरते। भूतकाल के भूत उठ खड़े होते और सामने आते, यह एक आह्वान था। अक्सर, मैं इस घुसपैठ पर गुस्से में उठकर चिल्लाता, उन्हें चले जाने के लिए कहता, मुझे सोने दो; लेकिन कोई

फायदा नहीं हुआ। सदियों से जागते हुए लोग कुछ घंटों, कुछ दिनों की नींद के नुकसान को कैसे समझ सकते थे। उन्होंने विलाप किया, वे रोए, उन्होंने विनती की, उन्होंने धमकी दी और, हमेशा की तरह, मैंने हार मान ली। मुझे ठीक से याद नहीं कि क्या कहा गया था: कुछ तो शिकायतें थीं जिनमें समाधान मांगा जा रहा था, कुछ संदेश आगे पहुंचाने की गुहारें थीं, और ज़्यादातर टूटे हुए दिलों की अस्पष्ट बड़बड़ाहट से ज़्यादा कुछ नहीं थीं!

जैसे ही पत्तियों के बीच से पहली रोशनी निकली, कमरा खाली हो गया और मैं आखिरकार गहरी नींद में सो गया, परिवार की हलचल से बेखबर, बच्चों को स्कूल के लिए तैयार किया जा रहा था, रसोई में काम चल रहा था, टुगु (तुगलक़, हमारा हाइब्रिड लैब्राडोर-डचशंड, जिसका नाम तुगलक़ रोड के पुराने निवासी के नाम पर रखा गया था) को सैर के लिए ले जाया जा रहा था। टुगु बच्चों के प्रति बहुत वफादार था, वह तब आया था जब हमारा पहला बेटा, आदित्य, छह महीने का था (अविक उसके साढ़े तीन साल बाद हुआ); वह लड़कों के पास आने वाले किसी भी व्यक्ति पर भौंकता था और, मुझे लगता है, वह उन्हें दूसरी दुनिया की चीज़ों से भी बचाता था।

सुबह का नहाना अपने-आप में एक घटना होती। जैसे ही गर्म पानी से बाथरूम में भाप बनती और शीशे पर धुंध जम जाती, उस पर दो कंकाल जैसे हाथों के निशान दिखाई देते। यह जानने के लिए कि ऐसा सिर्फ़ नहाते समय ही क्यों होता था, पुनीता ने गुरुदेव से इसका कारण पूछा। उन्होंने उसे बताया कि ये हमारे गाइड्स के निशान थे जो हमें बुरी शक्तियों से बचाने और ज़रूरत पड़ने पर मदद करने के लिए वहां मौजूद थे। गुरुदेव ने समझाया कि हम गाइड्स या गार्जियन एंजल्स के साथ पैदा होते हैं, जिनका काम हमें ज़िंदगी में रास्ता दिखाना और दुनिया के कामों में मदद करना होता है। ये वही आवाज़ें हैं जो हम सुनते हैं, अगर हम उन्हें सुनने के लिए तैयार हों; वह 'सहज ज्ञान' जो अचानक आता है, हमें खतरे से आगाह करता है, पीछे देखने या एक तरफ

हटने के लिए कहता है, या ठीक समय पर अपना सिर झुकाने के लिए कहता है, या ऐसा फैसला लेने के लिए कहता है जो तर्क से परे हो लेकिन बाद में हमारे फायदे का साबित होता है। हममें से ज़्यादातर लोगों को पैदा होने पर अपनी किस्मत या ज़िंदगी के लक्ष्यों के बारे में ज़्यादा जानकारी नहीं होती, गाइड्स के अस्तित्व की तो बात ही छोड़िए। अधिकतर, हम इन संदेशों को नज़रअंदाज़ कर देते हैं, जिससे वे हमारी रोज़मर्रा की ज़िंदगी की उथल-पुथल और रोजी-रोटी कमाने की दौड़ में खो जाते हैं। उन्होंने आगे कहा कि हम आत्माओं के समूह में पैदा होते हैं, पिछले जन्मों से एक-दूसरे से जुड़े होते हैं, कर्ज़ चुकाने या एक साथ दूसरा जीवन जीने के लिए वापस आते हैं, जहां रिश्ते और लिंग माता-पिता और भाई-बहनों, प्रेमियों और दुश्मनों, सोलमेट्स और दोस्तों के बीच बदलते रहते हैं।

हमारा छोटा बेटा, अविक, हमारी ज़िंदगी में एक मुश्किल समय में आया। मैं और पुनीता सबकुछ संभालने की कोशिश कर रहे थे। लगातार चल रहे कई टीवी प्रोडक्शन और हर शाम होने वाली पार्टियों और सोशल गैदरिंग में फंसा हुआ, मैं परिवार और माता-पिता की ज़िम्मेदारियों से बंधा हुआ महसूस कर रहा था। पुनीता, जो अपने खुद के प्रोडक्शन में बिज़ी थी, जिसमें उसका पॉपुलर टॉक शो *शक्ति* भी शामिल था, एक लंबे दिन के बाद आदित्य के साथ समय बिताना पसंद करती थी। ऐसा लग रहा था कि हम अलग-अलग दिशाओं में जा रहे थे और मुझे बिना बताए, वह अपने लिए आगे का रास्ता खोजने के बारे में सोच रही थी।

हम अपने सबसे प्यारे चचेरे भाई अपू (अरूप) की शादी के लिए कलकत्ता में थे, जो दादा के सबसे करीब था। शादी के रास्ते में, जब हम आसनसोल से गुज़र रहे थे, तो मेरी मां को बहुत बेचैनी महसूस होने लगी और उन्होंने एंजाइना और सीने में जकड़न की शिकायत की। हम रास्ते से हटकर हॉस्पिटल गए जहां डॉक्टरों ने उनकी जांच की, सीने के दर्द का इलाज किया और फिर उन्हें

डिस्चार्ज कर दिया क्योंकि ड्यूटी पर कोई हार्ट स्पेशलिस्ट नहीं था। हम शादी में गए और दो दिन बाद लैंसडाउन रोड स्थित अपने घर लौट आए।

मेरी मां, जो घर की गिनी-मा (घर की बॉस) थीं, अपने बिस्तर से अपनी दोनों बहुओं को इंस्ट्रक्शन दे रही थीं, उन्हें बता रही थीं कि किस साड़ी के साथ कौन सी ज्वेलरी पहननी थी, तभी अचानक उनका बदन ऐंठने लगा। हमने डॉक्टरों को बुलाया, जिन्होंने कहा कि उन्हें मेजर हार्ट अटैक आया था, हम उन्हें तुरंत आर्मी हॉस्पिटल ले गए और CCU में एडमिट कराया। यह अटैक उनकी आर्टरीज़ में बड़े ब्लॉकेज की वजह से हुआ था, जिससे उनके दिल की एक तिहाई मांसपेशियां खराब हो गईं और कुछ साल बाद ओपन-हार्ट सर्जरी की ज़रूरत पड़ी।

इस बीच, पुनीता, जो शादी की कभी न खत्म होने वाली रस्मों की आदी नहीं थी, जो सुबह तली हुई मछली और मिठाइयों से शुरू होतीं और रात को मंगशो और चिंगड़ी माछ (मीट और झींगा मछली) पर खत्म होती थीं, उसे तबीयत खराब लगने लगी और वह खाना पचा नहीं पा रही थी। हमें लगा कि उसे पीलिया या फूड पॉइज़निंग हुई थी, इसलिए दिल्ली लौटने पर हमने उसके ब्लड टेस्ट करवाए।

पापा ही डॉ. डंग के यहां से टेस्ट रिपोर्ट लाए थे। वे आंखों में चमक लिए घर आए और हमें बताया कि पुनीता प्रेग्नेंट थी। हम दोनों हैरान रह गए क्योंकि हम ऐसी उम्मीद नहीं कर रहे थे—फिर भी, अगर यह खुशखबरी और हमारे बीच एक नेक आत्मा का आना नहीं होता, तो पुनीता और मैं शायद अलग हो जाते।

अविक के आने के साथ ही, हमें एहसास हुआ कि उसे पालना एक अनोखा अनुभव होने वाला था। उसकी बार-बार की चीखें जो आधी रात को हमारी आत्मा को झकझोर देती थीं, हम डर से जकड़ जाते और हमारे शरीर से पसीना बहने लगता। फिर खून भी था। ये किसी बच्चे के रोने की आम घटनाएं नहीं थीं, और खून बहने का कोई कारण समझ नहीं आ रहा था। हमने रात में

खून बहने की समस्या के समाधान के लिए अपने पीडियाट्रिशियन, डॉ. प्रीति परगल से सलाह ली। उन्होंने इसे नाक से खून बहना बताया और इलाज का प्लान बताया, लेकिन खून बहना बंद नहीं हुआ।

एक पेरेंट्स के तौर पर हमें उसकी समस्या की कोई वजह नहीं मिल रही थी और हम सोचने लगे थे कि ये शायद ज़्यादा गंभीर समस्या थी—शायद आंतों की कोई समस्या? या उसके मुंह में अल्सर से खून निकल रहा था? हम इस समस्या को ठीक करने के लिए कुछ भी करने को तैयार थे। फिर, एक दिन, कॉलेज का एक दोस्त, माधव डार, आया।

माधव कॉलेज में मुझसे एक साल सीनियर था, जैसे मेरे ज़्यादातर दोस्त थे: सैम (समीर साहू), फैट्स (मनोज सक्सेना), केव (केविन डेविड), राणा (आदित्य), WPS (वाही पाल सिंह सिद्धू) और बहुत ही अजीब राजीव झा, जो मेरे पहले फ्रेशर्स रैगिंग सेशन में गले में टाई बांधकर आया और बोला, 'मैं खुद को फांसी लगाने की कोशिश कर रहा था लेकिन यह टाई बहुत छोटी है!'

माधव को थिएटर बहुत पसंद था। सेंट स्टीफंस में पढ़ते समय उसी ने प्रपोज़ किया था कि हम एमेच्योर थिएटर सोसाइटी बनाएं, जिससे कॉलेज अथॉरिटीज़ बहुत नाराज़ थीं और हमें कॉलेज से निकालने पर तुली हुई थीं। वह सबसे खूबसूरत लड़की, गुंजन रल्हन पर भी फिदा था, जो हिस्ट्री पढ़ रही थी और जिस पर सेंट स्टीफंस और हिंदू कॉलेज के ज़्यादातर लड़के फिदा थे। माधव को खास तौर पर उसके टखने बहुत पसंद थे और वह चाहता था कि मैं उसे पीटर शैफ़र के *इक्वस* नाटक में कास्ट करूं, जिसे मैंने बाद में डायरेक्ट किया और उसमें माधव ने लीड रोल किया। यह नाटक श्री राम सेंटर में हाउसफुल चला, लेकिन इसने हम सबको लगभग दिवालिया कर दिया था। रैग्स (सुजाता राघवन), मेरी स्कूलमेट, प्रोडक्शन हेड थी और उसने नाटक को स्टेज करने के लिए बहादुरी से रिसोर्स जुटाए थे; वह यह देखकर हैरान रह गई कि हमने स्पॉन्सरशिप के पैसे खाने-पीने में उड़ा दिए थे।

ग्रेजुएशन के बाद, माधव अपनी मास्टर डिग्री के लिए न्यूयॉर्क चले गए और स्टोनी ब्रूक में पढ़ाई पूरी करके लौटने पर, उन्होंने अपनी डॉक्टरेट पूरी करने के लिए जवाहरलाल नेहरू यूनिवर्सिटी जॉइन की, जहां उनकी मुलाकात अपनी होने वाली पत्नी निरुपमा से हुई।

मूल रूप से कश्मीरी, लेकिन कई सालों से कलकत्ता में रहने वाले, माधव तंत्र-मंत्र में बहुत विश्वास करते थे और शिव भक्त थे। जो कुछ हो रहा था, उसे सुनकर उन्होंने यह नतीजा निकाला कि अविक शायद एक 'पुरानी आत्मा' था और देवी काली को बहुत प्रिय था, जो उसे वापस चाहती थीं। उनके अनुसार, रात में अविक के सपनों में वही प्रकट होती थीं, जिससे वह चिल्लाता था, 'वह आ रही हैं!' माधव ने पुनीता को एक मंत्र दिया और सुझाव दिया कि वह देवी को खुश करने के लिए हर दिन उसका जाप करे, और कहा कि इससे खून बहना बंद हो जाएगा। समाधान के लिए बेताब, पुनीता ने रोज़ाना प्रार्थना की और अगले कुछ हफ़्तों में, खून बहना और अविक के बुरे सपने बंद हो गए।

हमारी ज़िंदगी के उस रोंगटे खड़े कर देने वाले दौर की एकमात्र निशानी अविक का केचप और किसी भी ऐसी चीज़ से लगातार डर है जो थोड़ी भी खून जैसी दिखती हो।

5

'वो गंदी वाली हैं'

नारकंडा

पुष्पा दीदी कमरे से बाहर चीखते हुए भागीं। उनके बाल जल रहे थे, वे अपने सिर पर हाथ मार रही थीं। वो बहुत घबराई हुई थीं और पागल सी हो रही थीं। इस अचानक आई परिस्थिति की वजह से मार्टिनी का नशा एक झटके में उड़ गया और हमने जल्दी से उन पर एक कंबल डाला और उनकी जली हुई भौंहों पर लगी चिंगारियां बुझा दीं। जले हुए बालों की गंध पूरे कमरे में फैल गई। डरे हुए बच्चे हमारे साथ ही थे, और उम्मीद भरी नज़रों से हमें देख रहे थे।

हिमालय के बीच में बसा नारकंडा एक शांत शहर है; सर्दियों में टूरिस्ट यहां स्कीइंग के लिए आते हैं, और गर्मियों में, मैदानी इलाकों से आने वालों के लिए ये सुहानी वादियां कुछ समय के लिए शरणस्थली बन जाती हैं। शिमला जाते हुए आप वाइल्डफ्लावर हॉल और कुफरी के पास से गुज़रते हैं, तो शंकुधारी और ओक के पेड़ मेपल और चिनार के पेड़ों के साथ मिल मानो खड़ी ढलानों को ढक लेते हैं। घाटियों की अगली रेंज के पार ग्रेटर हिमालयन रेंज की शानदार

सफेद चोटियां हैं, जो धूप में चमकती हैं। आगे सीढ़ीदार पहाड़ियों पर, सेब के बगीचे और स्थानीय लकड़ी और पत्थर से बने गांव के खूबसूरत घर सड़क के हर मोड़ पर दिखते हैं। जैसे ही आप रिज के आखिरी कोने पर पहुंचते हैं, घाटी कम होती जाती है और आप खुद को लोकल मंदिर के पास से गुज़रते हुए पाते हैं, जिसके मुख्य देवता अब सड़क के बीच में हैं, और दोनों तरफ़ अस्त-व्यस्त बाज़ार है। बाज़ार में पूजा के लिए सिंदूर, लाल चूड़ियों और फूलों के साथ-साथ खाने-पीने की भी दुकानें हैं, जहां गरमागरम जलेबियां, मसालेदार आलू से भरे कुरकुरे समोसे, और गाढ़ी, बहुत मीठी दूध वाली चाय मिलती है।

पहाड़ी पर सस्ते घर हैं, आस-पास की सुंदरता से बिल्कुल अलग, पहाड़ी के बीच बने हॉस्टल, गुलाबी, नीले और हरे रंग से रंगी हुई बदसूरत इमारतें, टपकते नल, टूटे-फूटे फुटपाथ, टूटी कांच की खिड़कियां और कीचड़ से ढकी छतें, और सड़क पर फैले कचरे के ढेर। मॉडर्निटी के ये गहरे निशान सफेद मखमली पहाड़ की चोटियों की चमक के सामने अलग दिख रहे थे, जो डूबते सूरज से नारंगी, गुलाबी और बैंगनी रंग में रंगी हुई थीं।

1993 में रिपब्लिक डे पर एक लंबा वीकेंड पड़ा था। पूरा नारकंडा बर्फ से ढका था, और कुछ जगहों पर तीन फीट तक गहरी बर्फ थी। जब हम गाड़ी चला रहे थे तो हमारी कारों की हेडलाइट्स में बर्फ चमक रही थी। हम शहर से कुछ दूर निकल आये थे, और रहने की एकमात्र अच्छी जगह पर रुके थे। एक सरकारी गेस्ट हाउस, जो दूर पहाड़ी की चोटी पर एक सुंदर बंगला था। इस गेस्ट हाउस को तरुण (तेजपाल) ने अपने पत्रकार कॉन्टैक्ट्स के ज़रिए पहले से बुक कर लिया था।

मोहित, सुजाता, तरुण, गीतन, पुनीता और मैं, और बच्चे टिया, कारा, आदित्य और अविक, और पुष्पा दीदी हमेशा की तरह खाने का ढेर सारा सामान लेकर ऊपर आए थे, इस डर से कि कहीं हमें दोबारा गर्म तेल में तले पराठे न खाने पड़ें—जो दूर दराज के सरकारी सर्किट हाउस में आम खाना

होता है। तो, तरह-तरह की चीज़, हैम, टिन्ड स्पैम, कॉकटेल सॉसेज, बेक्ड बीन्स, टोमैटो सॉस में सार्डिन और तेल में एंकोवी, डार्क चॉकलेट, गैलन भर रेड वाइन और व्हिस्की, बच्चों के लिए मैगी नूडल्स, और अंकल चिप्स और क्रैक्स के कई पैकेट हमारे साथ आए थे—इतने कि ज़रूरत पड़ने पर पूरे गांव को खिला सकें!

जब हम नारकंडा से गुजरे, तो बर्फ का एक तूफ़ान आया और पहाड़ पर हर जगह बर्फ ही बर्फ दिखाई देने लगी। कुछ ही देर में, गेस्ट हाउस का सम्पर्क बाकी शहर से ख़त्म हो गया। हमारी गाड़ियों पर कई फ़ीट मोटी बर्फ़ जम गई थी। हम दिन भर ताश खेलते, बातें करते, पढ़ते और पीते, दुनिया की अनगिनत समस्याओं को सुलझाते और अपने बच्चों के साथ मनोरंजन करते रहे। ढाई साल का अविक, वहां पहुंचते ही बिस्तर में दुबक गया था, और उसने बाहर निकलने से मना कर दिया। जब भी हम उसे रजाई के नीचे से बाहर निकालने की कोशिश करते, तो वह बुदबुदाता, 'वह गंदी वाली हैं' और सीधे बिस्तर में घुस जाता। सिर्फ़ उसकी आंखें लाल ऊनी मंकी कैप के नीचे से झाँक रही थीं।

हम पहले भी नारकंडा गए थे, आस-पास के गांवों से रेगुलर ट्रेकिंग करते हुए जहां पुनीता और बेटे (संजीव सैथ, फोटोग्राफर, बांसुरीवादक और कॉलेज में मुझसे कुछ साल सीनियर) ने UNICEF के लिए एक ऑडियो-विजुअल प्रोजेक्ट किया था। हम एक प्यारे से गांव में रुके थे और गांववालों के हाथ का ताज़ा घी, दाल, जंगली मुर्गी करी, घर की बनी सेब की चटनी, गुड़ और रोटी खाने का मौका मिला था। हर सुबह, जब पुनीता और बेटे शूटिंग के लिए निकलते थे, मैं लकड़ी की नक्काशी वाली बालकनी में बैठकर पहाड़ों की चोटियां देखता, स्थानीय लोगों से बातें करता, कहानियां सुनता और गांव के बच्चों का मनोरंजन करता था। शाम होने पर हम कमरे के बीच में रखी अंगीठी के चारों ओर इकट्ठा होकर, मशहूर बॉलीवुड धुनों वाले पहाड़ी गाने गाते। यह बहुत अच्छा था। पहाड़ी रास्तों से गुजरते हुए हम सीढ़ीदार खेतों और पहाड़ी

झरनों, घाटी में नीचे की ओर जाते पतले रास्तों, जंगली फूलों और रसीले बेरी वाली झाड़ियों से परिचित होते गए, और अपने चारों ओर की अच्छी एनर्जी से सुरक्षित महसूस किया। हमें कभी भी किसी भी तरह की परेशानी वाली चीज़ का सामना नहीं करना पड़ा, खतरनाक या अंधेरा तो दूर की बात थी।

लेकिन इस बार, बात अलग थी। बर्फ़ीला तूफ़ान दो दिन तक चला। तीसरे दिन, गहरे भूरे रंग के उदास आसमान की जगह चमकती धूप ने ले ली जो वनीला-सफ़ेद ज़मीन से रिफ्लेक्ट हो रही थी। बच्चे पूरे दिन बर्फ़ के ढेरों में खेलते रहे, जबकि हम ब्रांडी गोला–मुट्ठी भर बर्फ़ को हथेली में दबाकर बनाई आइस लॉली में खूब सारी ब्रांडी डालकर—बनाते थे। व्हिस्की, वोडका और वाइन से ताकत पाकर, हम घंटों स्क्रैबल और मोनोपॉली खेलते थे या आग के पास बैठकर बातें करते थे। आखिरकार, जब हमारा खाना कम हो गया और हमारे गोरगोंज़ोला और पेपरोनी भी खत्म हो गए, तो हमने शहर तक पैदल चलकर जाने का फ़ैसला किया। हम किसी ऐसे आदमी की खोज में थे, जो हमारी कारों पर से बर्फ हटाकर, आगे का रास्ता साफ़ करने में मदद कर सके। हमें बताया गया कि लोकल JCB खराब हो गई थी, और उसे ठीक होने में कुछ दिन लगेंगे। स्पेयर पार्ट को रामपुर से लाना होगा, जो अगली घाटी में 60 km दूर ज़िला हेडक्वार्टर है, और यह तभी मुमकिन होगा जब मेन हाईवे फिर से खुल जाएगा और बसें चलने लगेंगी। हमारे पास इंतज़ार करने के अलावा कोई ऑप्शन नहीं था।

एक सुबह, बच्चे धूप में बाहर निकलकर खुश थे, और उन्होंने स्नोमैन बनाने की कोशिश की, जबकि बड़े लोग हमारे रोज़ के ब्रांडी गोले को आकार दे रहे थे। नीचे गांव से एक पुराना परिचित, हरि हमसे मिलने आया और हमें सेब और चाय के लिए घर बुलाया। हम बर्फीली ढलानों से संभलते हुए नीचे उतर रहे थे। हमारा होस्ट हमें अच्छे से गाइड कर रहा था। वो घिसे-पिटे सैंडल पहनकर बारिश और बर्फ में इन रास्तों पर चलने का आदी था, और नशे में होने पर

भी कोई गलती नहीं करता था। दूसरी ओर, हम शहर के लोगों को अपने कूल केड्स में भी उन रास्तों पर चलने में मुश्किल हो रही थी।

हरि और उसके परिवार से मिलना और लोकल गॉसिप करना बहुत अच्छा लगा। सर्दियों की धूप में उसकी जानी-पहचानी बालकनी में बैठकर, चाय पीते हुए मैंने देखा कि घाटी के उस पार अगले पहाड़ की चोटी पर, बर्फ के सामने पत्थर का बना एक मंदिर एकदम अलग दिख रहा था। नारकंडा घूमने के इतने सालों में, हममें से किसी ने भी उस मंदिर पर पहले कभी ध्यान नहीं दिया था। हरि ने बताया कि यह एक लोकल देवी मंदिर था, जहां देवी काली के एक रूप की पूजा की जाती थी। इस मंदिर में पहले बलि भी दी जाती थी। पुनीता और मैंने हैरान होकर एक-दूसरे को देखा। हमारे मन में एक ही सवाल था—क्या यह वही 'गंदी वाली' हो सकती थीं, जिसका अविक ने ज़िक्र किया था? गांववाले मंदिर की पुरानी कहानी या वहां होने वाली बलि के बारे में टालमटोल कर रहे थे, लेकिन उन्होंने हर साल शुभ समय पर लगने वाले मेले के बारे में बात की।

जब जाने का समय हुआ, तो हमने अपने होस्ट को गले लगाया, उन्हें अलविदा कहा और वापस जाकर देखा तो बच्चे अभी भी बर्फ़ में खेल रहे थे। बच्चों की नैनी पुष्पा दीदी, अविक पर नज़र रख रही थीं, जो उस हफ़्ते पहली बार बाहर निकला था। डीप-फ्राइड पराठे, चिकन करी, वोडका और व्हिस्की की शाम के लिए बैठते हुए, हम हैरान थे कि कितनी बार मैं और पुनीता मंदिर देखे बिना गांव घूम चुके थे।

बच्चे कांच के एक बड़े कमरे में बैठते थे, जिसमें लोहे का स्टोव था जिसमें लकड़ियां जलाकर कमरा गर्म रखा जाता था। उस रात, हम डिनर के बाद ऊपर जा रहे थे, तभी हमें डरावनी चीखें सुनाई दीं और हमने पुष्पा दीदी को कांच के कमरे से बाहर आते देखा। उनके बालों में आग लगी हुई थी, वह घबराकर कॉरिडोर से भाग रही थीं, आग से बचने की कोशिश कर रही थीं।

पता चला कि उन्होंने स्टोव का दरवाज़ा खोला था ताकि नई लकड़ियां डाल सकें और आग जलाने के लिए प्लास्टिक की बोतल से केरोसिन छिड़का था। इससे अचानक एक धमाका हुआ और आग पतली सी जगह से बाहर निकली, जिससे उनकी भौंहें और बालों ने आग पकड़ ली। बच्चे सदमे में थे, और टिया और आदि उनके पीछे भागे। हमने उनके सिर पर एक कंबल डाला, जिसमें अभी भी चिंगारी निकल रही थी, और उनके बालों के सिरे जुगनुओं की तरह चमक रहे थे। सोने से पहले हमें उन्हें और बच्चों को शांत करने में थोड़ा समय लगा।

अगली सुबह, JCB ठीक हो गई थी, उसने हमारी कारों पर से बर्फ हटाकर, गांव से होकर हाईवे तक का रास्ता साफ कर दिया। हमने अपना बैग पैक किया और मेन रोड पर गाड़ी चलाई, रियर-व्यू मिरर में झांककर 'गंदी वाली' मंदिर की एक झलक देखी। नारकंडा गांव में, हम वहां की देवी के दर्शन करने के लिए रुके, जिनके बारे में हमारे बेटे ने बताया कि वे 'अच्छी वाली' देवी थीं।

हम गाड़ी चलाते रहे और जैसे ही हमने मोड़ लिया, गांव हमारे पीछे गायब हो गया। अविक, जिसने पिछले कुछ दिनों से 'वो गंदी वाली हैं' के अलावा एक शब्द भी नहीं कहा था, अचानक एक्टिव हो गया और पहाड़ से नीचे उतरते समय हमेशा की तरह शोर मचाने लगा। उसे कैसे पता चला कि इस इलाके में दो अलग-अलग देवी-देवता हैं—एक जो दयालु है, और दूसरी जिसे बलि देकर खुश करने की ज़रूरत है—यह आज भी एक रहस्य है।

6

'भूत चढ़ गया!'

ऋषिकेश

मैं बस की सीट से उछल पड़ा, और उन पांच लोगों की मज़बूत पकड़ से आज़ाद हो गया, जिन्होंने मुझे जकड़ रखा था। ऐसा लग रहा था जैसे मुझ पर शैतानी ताकत के साथ-साथ, एक कुटिल इरादा भी हावी था। हर बार जब मुझे उनकी पकड़ ढीली होती लगी—मैं आज़ाद हुआ, मेरा शरीर हवा में उछला, सीट से उठा और ज़ोर-ज़ोर से ऐंठने लगा। डरा हुआ बस ड्राइवर कहता जा रहा था, 'भूत चढ़ गया!'

हर साल जब मॉनसून का पानी कम होता है और भागीरथी का अशांत पानी एक नया रास्ता बनाता है, तो रेत के नए तट उभरते हैं। हिमालय रिवर रनर्स के को-फ़ाउंडर, यूसुफ और गनेव पूरे सीज़न (अक्टूबर से अप्रैल) के लिए ऋषिकेश से 14 किमी. ऊपर की तरफ़ भागीरथी के एक हिस्से पर अपना बेस कैंप डाल लेते थे। ये ऋषिकेश के ऊपर की तरफ़ चलाए जाने वाले शुरुआती प्रोफ़ेशनल व्हाइटवाटर-राफ़्टिंग कैंप में से एक है। उनकी टीम हिमालय से नीचे

लाए गए बोल्डर और गाद के आस-पास नए रास्ते बनाती है, जिनसे तेज़ लहरें बनती हैं जिनका अनुभव विज़िटर करते हैं—थ्री ब्लाइंड माइस, रोलरकोस्टर और सबसे डरावना, द वॉल, जो एक बड़े बोल्डर से बना है, जहां नदी एक चक्करदार भंवर में बदल जाती है। इससे बचने का तरीका सिर्फ तेज़ी से नाव चलाना ही है, अगर गलत अंदाज़ा लगाया जाए, तो आपकी राफ्ट पलट भी सकती थी।

हम एक बार फिर से अपने बच्चों और दोस्तों के साथ इस कैंप का मज़ा लेने के लिए आ पहुंचे थे। गंगा के रेतीले किनारों पर टेंट में रहना, धधकती आग के चारों ओर बैठना, जिसकी लपटें मानो हीरे जड़े नीले आसमान को लपकने के लिए तैयार थीं, बिग डिपर को देखना, नदी के झरने की आवाज़ सुनना, और मेहमानों के साथ कहानियां और ज़िंदगी के अनुभव शेयर करना। यह एक अलग ही अनुभव था। दिल्ली से साढ़े पांच घंटे की ड्राइव पर बसा यह कैंप आपको शहर की भागदौड़ से कुछ पलों के लिए आज़ाद कर देता था। एडवेंचर और एक्साइटमेंट से भरा यह एक ऐसा ब्रेक था, जिसे हम अफ़ोर्ड कर सकते थे। हालांकि टेंट में रहने के कुछ साइड इफेक्ट्स भी थे।

ऐसे ही एक ट्रिप पर, जब हम अलाव की बुझती हुई चिंगारियों के पास बैठे, टूटते तारों और गुज़रते हुए सैटेलाइट्स को गिन रहे थे, तो हमने एक टाइगर की दहाड़ और एक जंगली सूअर की आखिरी सांसें सुनीं, जो हमारे सामने वाले जंगल से आ रही थीं। ये शायद किसी सफल शिकार की समाप्ति थी। जंगल की शांति में, आवाज़ एकदम साफ़ थी और गूंज रही थी, और ऐसा लग रहा था जैसे वो टाइगर बस नदी के उस किनारे पर ही खड़ा था। हम अपनी टॉर्च से झाड़ियों और पेड़ों को देख रहे थे, जिसकी रोशनी सिल्वर बर्च के पेड़ों से रिफ्लेक्ट होकर रात के आसमान में उड़ रहे जुगनुओं की तरह आ रही थी। तभी अचानक हिमांशु ढांडा ने देखा कि टाइगर की आंखें हमारी तरफ़ ही थीं। हिमांशु एक डॉक्यूमेंट्री फिल्ममेकर हैं, जिन्होंने राजीव मेहरोत्रा

के साथ मिलकर फिल्म बनाई थी। हाल ही में उनकी शादी जैन स्टूडियोज़ की खूबसूरत मालकिन शालिनी जैन से हुई थी। वह *स्टार ट्रेक* के 'बीम मी अप, स्कॉटी' वाले पल में अपनी कुर्सी से उछल पड़े और यूसुफ़ को आवाज़ दी। कैंप में अचानक उथल-पुथल हो गई। हम बीच पर भागे, टॉर्च से नदी के उस पार देखने की कोशिश की, लेकिन कुछ भी नहीं दिखा। अचानक बिजली चमकी और फिर बादलों ने हमें अंधेरे में डुबो दिया। वो एक अंकल चिप्स का पैकेट था, जिसकी पन्नी टॉर्च की रोशनी को रिफ्लेक्ट कर रही थी। जंगल में टाइगर देखने के लिए क्या कुछ नहीं करना पड़ता!

'शेर आया, शेर आया' का शोर मचाने के लिए हमने ढांडा की खूब खिंचाई की। और फिर हम सोने के लिए अपने-अपने टेंट में घुस गए। रात सामान्य थी और पास बहती नदी की कलकल, और जंगल से उल्लू की आवाज़ आ रही थी।

साल 1995 था। मैं छह महीने तक लगातार ट्रैवल करता रहा, जिसका असर हम सभी पर पड़ा, जो ओनिडा टीवी द्वारा स्पॉन्सर किए गए इंडिया के पहले टेलीविज़न अवॉर्ड्स बनाने में शामिल थे। आज, कंपनी को उसके ब्रेकथ्रू एडवरटाइजिंग के लिए याद किया जाता है जिसमें शैतान को दिखाया गया था और टैगलाइन थी, *नेबर'स एनवी। ओनर'स प्राइड।* (पड़ोसी की जलन। मालिक का गर्व।) इसकी ट्रॉफी मेटल से बनी थी, जिसमें एक एक्टर देवताओं को चढ़ावे के तौर पर अपना कटा हुआ सिर हाथों में पकड़े खड़ा था। उस समय यह सिंबॉलिज़्म हमसे छूट गया था, लेकिन यह हमें और ओनिडा को कई तरह से परेशान करता रहा। अवॉर्ड्स सभी जॉनर और भाषाओं में थे, जिसमें नॉर्थ और साउथ, ईस्ट और वेस्ट के शो और फिल्में शामिल थीं। टीवी कंपनियों, शो प्रोड्यूसर और डायरेक्टर, और हर कैटेगरी में पांच शो नॉमिनेट करने वाली सिलेक्शन कमिटी मेंबर्स को ब्रीफ करने के लिए अनगिनत ट्रिप किए गए। इन शोज पर फैसला एक जानी-मानी जूरी और एकेडमी करने वाली थी, जिनके सदस्य उभरती हुई टेलीविज़न इंडस्ट्री के जाने-माने चेहरे थे।

ओनिडा के को-ओनर सोनू मीरचंदानी और कंपनी के मार्केटिंग हेड गिराज शर्मा की अगुवाई में यह एक बहुत बड़ा प्रोजेक्ट था, जो भारत के एंटरटेनमेंट सेक्टर के लिए एक ट्रिब्यूट था। 1990 के दशक की शुरुआत में, उस समय के प्रधानमंत्री नरसिम्हा राव और फाइनेंस मिनिस्टर मनमोहन सिंह के समय इकॉनमी में कई सुधार हुए थे। दोनों ने मिलकर भारत की क्षमता को अनलॉक किया, बिज़नेस को नई नज़र से देखा गया, और लाखों लोगों को गरीबी से बाहर निकालने पर ध्यान फोकस किया। विज्ञापन और नए प्रोडक्ट्स की वजह से चारों ओर टीवी चैनल उभरे, जिसमें ZEE, EL, DD, BITV, YES, स्टार, सोनी, सन और ईनाडू लोगों का ध्यान खींच रहे थे। इनका आपस में मुकाबला टीआरपी और ऐड रेवेन्यू के साथ-साथ लोगों के दिमाग, दिल और सबसे ज़रूरी टीवी रिमोट पर कब्ज़ा करने में भी था।

टीमवर्क फिल्म्स भी सिद्धार्थ और रोजा बसु, राघव बहल, रजत शर्मा, अनु मल्होत्रा, किश्वर अहलूवालिया, अल्वास के मिडीटेक और एनडीटीवी के संस्थापक प्रणय और राधिका रॉय के साथ इस टीवी कंटेंट बूम का हिस्सा थी। 1989 से 1995 तक, हमने पंद्रह से ज़्यादा डेली और वीकली सोप ओपेरा, गेम, फ़ूड और टॉक शो, और एंटरटेनमेंट और सटायर प्रोग्राम बनाए। हम इस फील्ड में नए थे; चारु शर्मा, दीपिका देशपांडे और ऋतुराज हमारे पहले कलीग थे। उस समय कोई असली टीवी प्रोफ़ेशनल नहीं थे और हममें से जो थिएटर और आर्ट्स में थे, उनसे नए शो, कुछ ओरिजिनल और दुनिया भर में रैंक किए गए प्रोग्राम की कुछ कॉपी बनाने के लिए बहुत डिमांड थी, जिन्हें इंडियन मार्केट के लिए सौवें हिस्से की कीमत पर अडैप्ट किया गया था। *तोल मोल के बोल* उन पहले सफल गेम शो में से एक था, जिसे हमने ज़ी टीवी के लिए प्रोड्यूस किया था। एल टीवी के लिए *न्यूज़लाइन,* एक मीडिया हाउस की पॉलिटिक्स और पावर पर आधारित सोप ओपेरा था, जो दो दशक बाद भी उतना ही रेलेवेंट रहा। *मेल्टिंग पॉट* और *द इंडियन स्पाइस ट्रेल,* खाने

के पॉपुलर एंटरटेनमेंट का ज़रिया बनने से बहुत पहले के फ़ूड शो थे; इन शो को अलग-अलग भाषाओं में डब किया गया और इंडिया, अफ़्रीका, सिंगापुर और फ़ार ईस्ट में टेलीकास्ट किया गया। *फुटप्रिंट्स ऑन वॉटर* और *कूल टॉक कैफ़े* आर्टिस्ट और इनोवेटर्स पर फोकस करने वाले पहले टॉक शो में से थे। *चूना लगा के* एक सटायर था जिसमें कठपुतलियों और मपेट्स के कैरेक्टर थे, जिसे दादी पुदुमजी ने डिज़ाइन किया था और टीमवर्क के को-फ़ाउंडर मोहित सत्यानंद की देखरेख में कई टैलेंटेड राइटर्स ने स्क्रिप्ट लिखी थी। BITV पर एक इनोवेटिव क्विज़ शो भी था, जिसे जॉय भट्टाचार्य और सुधा सदानंद ने बनाया था, जिसे माला सिंह ने कमीशन किया था, और UNICEF, वॉलंटरी हेल्थ एसोसिएशन ऑफ़ इंडिया, मिनिस्ट्री ऑफ़ हेल्थ और दूसरों के लिए कई डॉक्यूमेंट्री और सोशल अवेयरनेस फ़िल्में थीं। इन सभी ने हमें पूरे साल ट्रेडमिल पर रखा।

हमारा शेड्यूल बहुत मुश्किल था: सुबह-सुबह कॉल टाइम, दिल्ली की अस्त-व्यस्त सड़कों पर घूमना, स्क्रिप्ट मीटिंग, रिहर्सल और फिर साउंड स्टेज पर तीन-कैमरा शूट, एक दिन में ज़्यादा से ज़्यादा कंटेंट रिकॉर्ड करने की कोशिश, जबकि टीवी का बजट बहुत कम था। U-Matic टेप की जगह Betacam टेक्नोलॉजी ने ले ली थी जो महंगी थी, साथ ही कैमरा और स्टूडियो का किराया, एडिटिंग सुइट, बहुत सारी फ़ूड सर्विस, और एक्टर, एंकर, स्क्रिप्ट राइटर, टेक्नीशियन और लाइटिंग एंड कैमरा क्रू की फ़ीस भी महंगी थी।

चैनल अपने प्रोड्यूसर्स से टेलीकास्ट के बाद 90 दिन की पेमेंट की शर्तों पर चलते थे, जो हमेशा कॉन्ट्रैक्ट के समय से बहुत ज़्यादा होती थी, और आपको पेमेंट के लिए बार-बार मिन्नतें करनी पड़तीं। हर शनिवार दोपहर, मोहित और मैं अपने डायरेक्टर्स, प्रोड्यूसर्स और राइटर्स से समोसे और चाय पर मिलते थे ताकि आने वाले हफ़्ते की थीम और स्क्रिप्ट पर बात कर सकें, एडिट और डिलीवरी शेड्यूल देख सकें, कास्टिंग टेप देख सकें, स्टोरी लाइन में बदलाव

कर सकें, और कभी-कभी उन एक्टर्स को हटा सकें, जो सेट पर इर्रेगुलर थे या जिनका बिहेव खराब था।

मनिका और शरूपा कई शो में हमारी सीनियर डायरेक्टर थीं। मनिका ने जामिया मिलिया इस्लामिया यूनिवर्सिटी से मास कम्युनिकेशन की पढ़ाई की थी और हमारे साथ जुड़ने से पहले कई डायरेक्टरों और टीवी प्रोडक्शन के साथ काम कर चुकी थीं। शरूपा एक दिन साइकिल से हमारे F5 हौज़ खास एन्क्लेव ऑफिस में शॉर्ट्स पहनकर नौकरी ढूंढने आई थीं। दिल्ली थिएटर कंपनी एक्ट वन में एक एक्टर होने के नाते, वह दिन में हमारे साथ काम करती थीं और शाम को रिहर्सल करती थीं। वे हमारे कई दूसरे साथियों के साथ टीमवर्क फिल्म्स की रीढ़ थीं और हमारे मेनस्ट्रीम प्रोडक्शन के लिए ज़रूरी थीं। एक दोपहर, वे थकी हुई आईं और रिक्वेस्ट की कि हम टीवी इंडस्ट्री में टिके रहने के प्लान पर एक बार फिर से विचार कर लें। उन शुरुआती दिनों में, हमें टेक चेक के लिए अपने टेप मुंबई या दिल्ली के चैनल्स को फिजिकली कूरियर करने पड़ते थे, और वे बदले में देश के मुश्किल ब्रॉडकास्टिंग कानूनों की वजह से उन्हें ब्रॉडकास्ट के लिए काठमांडू भेज देते थे। टीवी इंडस्ट्री में कोई बहाना काम नहीं करता, आप न तो डेट नाइट के लिए रुक सकते थे और न ही बीमारी, मौत या शादी के लिए। वीकली और डेली शो देने थे, और टाइम पर देने थे। हम जिस स्पीड से काम करते थे वह बहुत तेज़ और बहुत ज़्यादा थी और रिवॉर्ड भी शक के घेरे में थे।

मोहित और मैं इस बात पर सहमत थे कि अब अपना रास्ता अलग बनाने का समय आ गया था। वैसे भी, टीवी इंडस्ट्री से कोई फ़ायदा नहीं हो रहा था: बकाया पेमेंट का कभी न खत्म होने वाला सिलसिला था, जिसका मतलब था कि हम अक्सर कर्ज़ में डूबे रहते थे, मुश्किल से अपने महीने के पेमेंट कर पाते थे। उस समय हम चैनल्स के बकाया पेमेंट और नए ओनिडा टीवी अवाड्र्स प्रोजेक्ट के शुरू होने पर निर्भर थे कि जब तक हमें कोई नया मौका नहीं मिल जाता, तब तक हम अपना गुज़ारा कर सकें। जैसा कि कहते हैं, चूहों

और इंसानों की सबसे अच्छी योजनाएं हमेशा बेकार हो जाती हैं! चैनल्स के बकाया पेमेंट न करने की धमकी देने के बावजूद, हमने अपना टीवी का काम बंद कर दिया और फुल-लेंथ हिस्टोरिकल डॉक्यूमेंट्री और इवेंट्स स्पेस में नए प्रोडक्ट बनाने पर फोकस किया।

पहला 'ओनिडा टीवी अवॉर्ड्स' अवॉर्ड्स का गोल्ड स्टैंडर्ड था! सैकड़ों गेस्ट—एक्टर और राइटर, डायरेक्टर और प्रोड्यूसर, चैनल हेड और सिनेमैटोग्राफर, एडिटर और टेक्नीशियन—को दिल्ली लाया गया था। हालांकि नॉमिनेशन की घोषणा मुंबई में की गई थी ताकि ब्रांड ओनिडा और नए अवॉर्ड्स पर लोगों की दिलचस्पी बढ़े और उन पर रोशनी डाली जा सके, लेकिन आखिरी इवेंट दिल्ली के ताज पैलेस होटल में हुआ, जहां बैंक्वेट हॉल में 1,000 तक लोग बैठ सकते थे। 'अकादमी' के सदस्यों के लिए नॉमिनेशन देखने और आखिरी रात तक वोट डालने के लिए लग्ज़री कारों का एक बेड़ा, बुफे स्प्रेड, चौबीसों घंटे खुले रहने वाले बार और पर्सनलाइज़्ड ओनिडा मॉनिटर और टीवी सेट लगाए गए थे।

यह शानदार था! अवॉर्ड्स को भरोसेमंद, ग्लैमरस और रोमांचक माना गया—वो अवाड्र्स किसी तरह के इन्फ्लुएंस या खरीद-फरोख्त से अछूते थे। जूरी और एकेडमी वोट के लिए फिफ्टी-फिफ्टी वेटेज का मतलब था कि हमारे पास इंडस्ट्री के साथी और एक सोची-समझी जूरी दोनों थे जो टेलीविज़न में बेस्ट को सेलिब्रेट करने के लिए एक साथ आए थे। अवॉर्ड नाइट के बाद, आफ्टर पार्टी भी यादगार रही, जिसमें पूरी रात बेहतरीन शराब सर्व की गई। नतीजतन अधिकतर मेहमानों की अगली सुबह की फ्लाइट मिस हुई। हालाँकि प्रोडक्शन और ट्रेवल के लोग, होटल स्टाफ के साथ मिलकर, लगातार मेहमानों को समय पर जगाने की कोशिश कर रहे थे।

जब सब काम निबट गया, रिव्यू हो गए और अगले साल के प्लान बन गए, तो हमने अपने कलीग्स को एक ऑफ-साइट सेलिब्रेशन और बॉन्डिंग

कैंप पर ले जाने का फैसला किया। हमारे दोस्तों और परिवार के लोगों सहित दो बसें हिमालयन रिवर रनर्स कैंप के लिए निकलीं। वहां हमने अपने पूरे ग्रुप की बुकिंग ली थी। रास्ते में हमने खूब मस्ती की, सड़क किनारे पराठे और पकोड़े, मिल्कशेक और बीयर के लिए कई ब्रेक लिए। एक लम्बे रोड ट्रिप के बाद, हम बस से उतरे, अपना सामान, शराब, कम्फर्ट स्नैक्स, कबाब, टिक्का, हैम, बेकन और चीज़ से भरे आइसबॉक्स ढोए और पहाड़ी से नीचे उतरे, जहां जाने-पहचाने चेहरों और यूसुफ और गनेव की खास मेहमाननवाज़ी ने हमारा स्वागत किया। डाइनिंग टेंट में चाय के साथ बिस्कुट, नमकीन और पकोड़े रखे हुए थे। मेहमानों को उनकी कैंपिंग साइट दिखाई गईं और सबसे ज़रूरी, टॉयलेट टेंट: कैंपसाइट के आखिर में सीवेज के गड्ढे खोदे गए थे जिनके ऊपर कमोड लगे थे, और हमाम से जुड़े छोटे-मोटे शॉवर स्टॉल थे जिन्हें सुबह उन लोगों के लिए चालू किया जाता था जो हवा की ठंड झेलने की हिम्मत रखते थे।

सुबह का नज़ारा जादुई था: नदी की धुंध, जिसके चारों ओर लाल रंग के छींटे थे, दूर किनारे पर पलाश के शानदार फूल, पहाड़ियों के पीछे से निकलता सूरज। ये वो पल होता है, जब रात विदा लेकर, रोशनी और जीवनदाता सूर्य को उनकी जगह सौंप देती है। नाश्ते के बाद, हमें जीप में बिठाया गया और ऋषिकेश में लक्ष्मण झूले के पास से नदी में नीचे की ओर जाने के लिए अपनी राफ्ट लेने के लिए 16 किलोमीटर ऊपर की ओर ले जाया गया। इस ट्रिप पर हमारे दोस्त तरुण और गीतन (तेजपाल) और उनके बच्चे टिया और कारा हमारे साथ थे। आदित्य, टिया, कारा और अविक को बच्चों के हेलमेट और लाइफ जैकेट पहनाए गए, लेकिन उन्हें बताया गया कि वे राफ्टिंग के लिए बहुत छोटे थे और उन्हें गाड़ी से वापस जाना होगा। वे थ्री ब्लाइंड माइस पर हमें जॉइन कर सकते थे, जो अपेक्षाकृत छोटी रैपिड थी। निराश और नम आंखों के साथ,

उन्हें वापस जीप तक ले जाया गया, जबकि हमें एक साथ नाव चलाना सिखाया गया और सुरक्षा प्रोटोकॉल का पालन करने और कहने पर ज़ोर से खींचने की याद दिलाई गई—नहीं तो हम हमेशा के लिए भंवर में फंस जाएंगे।

एडवांस टीम ने हमारे इस्तेमाल के लिए कई राफ्ट तैयार किए थे, बड़ी राफ्ट में बारह लोग और छोटी राफ्ट में आठ लोग बैठे थे। हमारी लाइफ जैकेट बांधी गईं, फिर उन्हें कसकर टेस्ट किया गया ताकि अगर हम नदी में गिर जाएं तो वे हमारे सिर के ऊपर से न निकल जाएं, और हाथ में पैडल लेकर हम नाव पर चढ़ गए। द वॉल सबसे बड़ी और सबसे मुश्किल रैपिड्स थी, और कोर्स के ठीक शुरुआती पॉइंट पर आती थी। यह लगातार बदलती रहती थी, यह इस बात पर निर्भर करता था कि उस बड़े पत्थर से टकराने वाले पानी की मात्रा कितनी है; इसने एक खोखलापन बना दिया था जहां अगर आप एक साथ नहीं खींचते तो राफ्ट हमेशा पलट जाती थी और आप एक भंवर में फंस जाते थे, जिससे निकलने के लिए बहुत ज़्यादा मेहनत करनी पड़ती। जैसे ही राफ्ट हवा में उछलता, आपको आगे झुककर, अपना पूरा वज़न डालना पड़ता ताकि वह बैलेंस होकर पानी में सीधा नीचे आए, और फिर आपको दूसरी तरफ जाने के लिए पूरी ताकत से नाव चलानी पड़ती थी, नहीं तो आप भंवर में फंस जाते थे।

तरुण लारोइया, यामिनी, दीपिका, निहारिका, चंदना और राहुल के साथ पहली राफ्ट सेंटर की ओर निकली और उनकी ज़ोरदार पैडलिंग के बावजूद, हवा में ऊंची उछल गई। ज़्यादातर राफ्टर्स बाहर गिर गए। राहुल सेन, जो फाइनेंस और लीगल से जुड़ी हर चीज़ के लिए हमारे जाने-माने साथी हैं, ने हर इंस्ट्रक्शन को पूरी तरह से फॉलो किया था और फिर भी मुंह के बल लैंड करने में कामयाब रहे और नीचे तैरते हुए गंगा का पानी पीने लगे। यामिनी जान बचाने के लिए एक चट्टान पर चढ़ गई और कसम खाने लगी कि वो वापस नदी में उतरकर, राफ्ट पर नहीं चढ़ेंगी, भले ही उन्हें मरने के लिए उसी चट्टान

पर छोड़ दिया जाए। दीपिका गांधी, जो हमारी प्रोडक्शन टीम में शामिल हुई थीं और जिन्हें प्यार से 'चुट्टू' कहा जाता था, शुक्र है कि अपनी लाइफ जैकेट के सहारे पानी के ऊपर आ गईं और खुशी-खुशी नदी में उतर गईं, जबकि चंदना चौहान पानी में तैर रही थीं, पानी की सफ़ेद धार पर उनकी लिपस्टिक के लाल छींटें दिखाई पड़ रहे थे, वे साँस लेने के लिए बार-बार ऊपर आ रही थीं और डर की वजह से उनकी चीख भी नहीं निकल रही थी। तरुण और निहारिका किसी तरह नीचे की ओर सुरक्षित जगह पर चढ़ गए और शुक्र है कि इस अनुभव से उन्हें कोई नुकसान नहीं हुआ।

अगला हमारा राफ्ट था और जैसे ही हम रैपिड में फंसें और हवा में उड़े, विराज, जो असली स्टड मफ़िन था, बिना पैडल के पानी को छुए तेज़ी से नाव चलाने लगा—और ऐसा करते हुए, उसका चप्पू मेरे सिर पर लग गया, जिससे मैं कुछ देर के लिए सकते में आ गया। खुशकिस्मती से, हम पलटे नहीं और हममें से ज़्यादातर नाव पर ही रहे। जैसा कि रिवाज था, जब हम रोलरकोस्टर के पास से गुज़रे और थ्री ब्लाइंड माइस के पास पहुंचे, तो हम कूद गए और अपने वेटसूट में नदी में तैरने लगे, इस एक्सरसाइज़ से हम बहुत खुश थे, अपने चेहरों पर सूरज की गर्मी का मज़ा ले रहे थे, पानी हमें अपनी आगोश में ले रहा था, और समुद्र तक अपनी घुमावदार यात्रा में हमारे पापों को धो रहा था।

गंगा पवित्र है। राजा भगीरथ के पुरखों को एक ऋषि ने श्राप दिया था और वे जलकर राख हो गए थे। उन्हीं भगीरथ ने तपस्या की और भगवान शिव से अपने पुरखों की राख को पवित्र करने और उनकी आत्माओं को मुक्ति दिलाने के लिए गंगा नदी को धरती पर लाने के लिए कहा। भगवान शिव मान गए और उन्होंने देवी गंगा को धरती पर उतरने के लिए कहा। यह जानते हुए कि उनके उतरने की शक्ति और ताकत उनके रास्ते में आने वाली हर चीज़ को नष्ट कर देगी, उन्होंने उनका आह्वान अपनी जटाओं की लटों में किया और उन्हें धीरे से धरती पर गिरने दिया, जहां उन्होंने मृत पुरखों की राख को धोया,

उन्हें मुक्ति दिलाई और उन्हें मोक्ष दिया। हिंदुओं का मानना है कि मरने वाले की आत्मा को मुक्ति दिलाने के लिए उसकी राख को गंगा में विसर्जित किया जाना चाहिए। ऊपर की ओर, भागीरथी और गंगा के संगम पर, रुद्रप्रयाग और कर्णप्रयाग हैं, जो पवित्र जगहें हैं जहां आस-पास के गांवों से मृतकों को लाकर उनका अंतिम संस्कार किया जाता है। जिनके पास साधन होते हैं वे लकड़ियां जमा करते हैं और चिताओं को जलाते समय घी और पवित्र सामग्री चढ़ाते हैं। दुख की बात है कि जो परिवार अंतिम संस्कार और लकड़ी का खर्च नहीं उठा सकते, वे अधजले शवों को नदी में डाल देते हैं, जो बाद में विकृत और खराब होकर नीचे की ओर बहते रहते हैं।

लक्ष्मण झूले के नीचे राफ्टिंग करना एक खास अनुभव है, वहां से गुजरते हुए आपको अक्सर पूजा करती या मछलियों को दाना खिलाती तीर्थयात्रियों की टोलियां नज़र आती हैं। वे लोग अपना काम रोककर आपकी बोट्स को हैरत से देखते। वैसे लक्ष्मण झूले के निर्माण की कहानी भी मज़ेदार है; ऐसा माना जाता है कि श्रवण कुमार अपने अंधे और बूढ़े माता-पिता को दोनों कंधों पर उठाकर तीर्थयात्रा पर निकले थे और इस जगह पर उन्होंने अशांत नदी पर रस्सियों का पुल पार किया था।

सिर पर चोट लगने से मैं थोड़ा हैरान था और दोपहर के सूरज की गर्मी से बेहोश हो गया था, मैं बह रहा था जब अचानक मुझे असहज महसूस होने लगा। इधर-उधर देखने पर, मैंने अपने पास एक अधजली, फूली हुई लाश तैरती हुई देखी। मैं लैंडिंग बीच की ओर तैर गया, मुझे एक ठंडी ऊर्जा का एहसास हो रहा था जो मुझ पर हावी होना चाहती थी। हमने अपनी राफ्ट निकालीं, अपनी लाइफ जैकेट खोलीं, अपने पैडल उतार दिए और जीप की तरफ चल दिए जो हमें कैंपसाइट पर वापस ले जाने के लिए इंतज़ार कर रही थीं।

पहाड़ों में, रात अचानक हो जाती है—सूरज के पहाड़ के पीछे डूबते ही अंधेरे की एक चादर छा जाती है। आप ऊपर देखते हैं और उम्मीद करते हैं

कि चांद और उसके साथ पहला तारा दिखेगा, जो अच्छी किस्मत की निशानी है जिस पर आप दुआ कर सकते हैं, और फिर दूसरा और तीसरा तारा दिखता है, जैसे-जैसे रात अपनी काली छाया में घिरती है, दिन को रंग देती है और पूरी दुनिया पर कब्ज़ा कर लेती है।

आग जल चुकी थी। वैल (वैलेंटाइन) शिपली ने मोहित और कनिका के साथ मिलकर फ्रेंड्स ऑफ़ म्यूज़िक शुरू किया था और किसी भी म्यूज़िकल सवाल के लिए एक भरोसेमंद नाम थे। उनकी खूबसूरत आवाज़ में बच्चों जैसी मासूमियत थी। उन्होंने म्यूज़िक से रात को जवान कर दिया—क्वीन का 'आई वांट टू ब्रेक फ्री', मूडी ब्लूज़ का 'नाइट्स इन व्हाइट सैटिन', ईगल्स का 'होटल कैलिफ़ोर्निया', और ढेर सारा पिंक फ़्लॉयड। किसी और मौके पर, मैं वैल के साथ ये गाने गा रहा होता, जो पार्टी की जान थे। लेकिन उस रात, मैं दूर एक टेंट में अकेला बैठा था, एक हाथ में वोडका की बोतल पकड़े हुए, अभी भी उलझन में था और मैं खुद को ठीक महसूस नहीं कर रहा था।

पुनीता ने बच्चों को खाना खिला दिया था, और पुष्पा दीदी ने उन्हें बिस्तर पर सुला दिया। हालांकि मैंने पुनीता को मुझे बुलाते हुए सुना, मैं टेंट की छाया में ही रहा, और गहरी भावनाओं से जूझता रहा जो मुझ पर हावी हो गई थीं। मेरे रूखेपन और उसकी चिंता को अनदेखा करने के कारण, पुनीता वापस आग के पास चली गई। रात के आसमान में चांद और तारे बादलों के साथ लुका-छिपी खेल रहे थे, जिससे इलाका अंधेरे में डूब गया और फिर अचानक चांदनी से नहा गया। रात में किसी समय, मैं लड़खड़ाता हुआ वापस आया, मुझे आस-पास का ज़रा भी होश नहीं था, और अपने स्लीपिंग बैग में घुस गया। बाकी पूरी रात, मैं बेचैनी में करवटें बदलता रहा, बुरे सपनों में डूबता रहा, और मुझे उस बेचैनी का हल्का सा एहसास होता रहा जिसने मुझे घेर लिया था।

सुबह तेज़ी से हुई, धरती एक नए दिन की ओर घूम रही थी, आसमान गहरे नीले रंग से बदलकर नारंगी और गहरे लाल रंग का हो गया था, जिसमें

गेंदे के फूल और गुलाबी कार्नेशन थे, जो सुनहरे रंग में रंगे हुए थे और सुबह की ओस से भीगे थे। वोडका के नशे में अभी भी सुस्त, मेरी कनपटी में जहां मुझे चोट लगी थी, वहां दर्द हो रहा था। पिछली रात की बेचैनी निराशा की सुनामी की तरह मुझ पर छा गई, जिसने नई सुबह की रोशनी और खुशी को छीन लिया, और मुझे धूप में बाहर निकलने से बचने पर मजबूर कर दिया। कोई हल्कापन नहीं था, कोई खुशी नहीं थी, पुनीता से मिलने या बच्चों या हमारे दोस्तों को देखने में कोई खुशी नहीं थी। मैं जितनी देर हो सका अपने टेंट में रहा, ब्रेकफ़ास्ट एरिया से बचता रहा, अपनी वोडका की बोतल पकड़े इस उम्मीद में बैठा रहा कि वहां कुछ ऐसा होगा जो इस ज़बरदस्त निराशा को हल्का कर देगा जिसने मेरी आत्मा को सुन्न कर दिया था, मेरे दिमाग को ढक लिया था और मुझे एक अंधेरी खाई में धकेल दिया था।

जब निकलने का समय हुआ, तो हमें इंतज़ार कर रही दो बसों तक ले जाया गया। जैसे ही मैं बस में चढ़ा, मुझे एक आवाज़ सुनाई दी, 'मैं आ रहा हूं!' मैंने वोडका के सहारे उस आवाज़ को दबाने की कोशिश की, लेकिन वह और तेज़ और ज़ोरदार होती गई, हर विचार को दबाती गई, जब तक कि मैं घबराहट में बस को रोकने और हमारे बच्चों को हमारे पीछे वाली बस में भेजने के लिए चिल्लाया नहीं। पुनीता इस सबसे पूरी तरह हैरान थी, उसने मेरा साथ छोड़ने से मना कर दिया।

जैसे ही बस पिट ब्रेक के लिए रुकी, मुझे लगा कि कोई अनदेखी ताकत मुझे सीढ़ियों से नीचे ले जा रही थी और मेरे कदम तेज रफ़्तार से आते ट्रैफिक की तरफ बढ़ने लगे, तभी तरुण ने मुझे रोक लिया और मुझे वापस बस में डाल दिया। इस समय, बस ड्राइवर ने शायद बताया कि मुझ पर भूत सवार था और उसने सभी को वापस अंदर जाने के लिए कहा। आवाज़ें मेरे सिर में भर गईं, मेरी छाती को चीर रही थीं, मेरे शरीर से सांसें निकाल रही थीं और मुझे तब तक डरा रही थीं जब तक मैं बेहोश नहीं हो गया।

इसके बाद जो हुआ, वह मुझे पुनीता, तरुण, गीतन, मोहित और विराज ने कई दिनों तक सुनाया और यह हमारी कहानियों के बड़े खजाने में एक खास कहानी बन गई है। ऐसा लगता था कि मैं थोड़ी देर चुपचाप बैठा रहता और फिर अचानक हवा में उछल जाता, उनकी पकड़ से छूट जाता, हाथ-पैर फड़फड़ाते, मेरा पूरा शरीर ऐंठ जाता। वैल बस के पीछे एक सीट के नीचे छिप गया था, जबकि लैरी (संजीव लारोइया, हमारी कंपनी का चार्टर्ड अकाउंटेंट और दोस्त), विराज, मोहित और तरुण मुझे पकड़े रखने की कोशिश कर रहे थे। मैं शांत और नॉर्मल लगता और इंतज़ार करता कि वे थोड़ी देर के लिए अपनी पकड़ ढीली करें, और फिर मैं बार-बार सीट से उछल जाता, एक अजीब ताकत के साथ जिस पर किसी का साया हो।

बस हरिद्वार के एक लोकल हॉस्पिटल में रुकी, जहां डॉक्टरों ने मुझे बेहोश करने के लिए एक इंजेक्शन लगाया। बस ड्राइवर अपनी सुरक्षा को लेकर डरा हुआ था और इस डरावनी यात्रा को खत्म करना चाहता था, जबकि विराज, विराज ही था, उसने एक दर्जन समोसे खाए, उसका घुटना मेरी छाती पर मजबूती से टिका हुआ था।

ऋषिकेश और हरिद्वार से रुड़की और मेरठ होते हुए दिल्ली तक का सात घंटे का बस सफ़र बहुत लंबा और थका देने वाला था। जब हम दिल्ली पहुंचे, तो मुझे सीधे सफदरजंग एन्क्लेव के आश्लोक हॉस्पिटल में EEG के लिए ले जाया गया, लेकिन उसमें कुछ नहीं दिखा; मैंने ऑब्ज़र्वेशन के लिए हॉस्पिटल के एक स्टेराइल कमरे में भर्ती होने के बजाय घर जाने पर ज़ोर दिया।

अगले दो हफ़्तों तक, मैं पूरी तरह से अपने होश में नहीं था। मैं खालीपन से छत को घूरता रहता या छत पर बेसुध बैठा रहता, जबकि दोस्त बारी-बारी से अपने ऑफिस और घर के रोज़ के कामों के बीच मेरा साथ देते। मुझे कुछ खास फ़र्क नहीं पड़ा। दिन और रात एक हो गए थे, एक गहरा अंधेरा और बेचैनी थी, साथ ही कभी-कभी सुसाइड करने का मन करता था। मेरा दिमाग

बंद हो गया था—ब्रेकडाउन का लक्षण। छतरपुर में ढांडा और शालिनी के रिसेप्शन में, मैं मेहमानों से दूर एक शांत जगह ढूंढने चला गया, मेरे दिमाग में एक आवाज़ आ रही थी जो कभी-कभी आती रहती थी। पुनीता, गीतन और तरुण, जो ड्रिंक्स लेने गए थे, जब उन्हें पता चला कि मैं वहां नहीं था तो घबरा गए। उन्होंने सब जगह तलाशकर, सही वक्त पर मुझे पकड़ लिया, ठीक उसी समय जब मैं सड़क पर आने वाले ट्रैफिक में जा रहा था।

मोहित मेरी मेंटल हेल्थ और हमारी कंपनी के भविष्य को लेकर बहुत परेशान थे; उन्होंने हमारे साथ काम करने वालों को इकट्ठा किया और उनसे कहा कि यह एक लंबा सफ़र हो सकता है, और सभी को सपोर्ट करने की ज़रूरत होगी।

पुनीता ने अरविंदर से मिलने का इंतज़ाम किया, जो संजीवनी से हैं, यह एक काउंसलिंग सेंटर है जिसे मेंटल हेल्थ स्पेशलिस्ट के एक ग्रुप ने बनाया था। अरविंदर ने मेरी पिछली कहानी सुनने के बाद, जिसमें सलाम बालक ट्रस्ट के साथ मेरा जुड़ाव भी शामिल था, धीरे से पूछा: 'तो आपको दूसरों की मदद करने और दूसरों को वापस देने की ज़रूरत क्यों महसूस होती है?' यह वह सवाल नहीं था जिसकी मैं उस समय उम्मीद कर रहा था या जिससे निपट सकता था, और मैं अपने आस-पास की असमानता के बारे में कुछ बड़बड़ाया, कि यह एक गलत दुनिया है जो उन लोगों के साथ बुरा बर्ताव करती है जिनके पास रिसोर्स तक कोई एक्सेस नहीं है और यह हममें से हर एक की ज़िम्मेदारी है कि हम कम खुशकिस्मत लोगों की मदद करें और असमानता की खाई को पाटें।

उस पहले सेशन से मेरी हालत में कोई सुधार नहीं हुआ, और मैं रातों से लड़ता रहा, डरता रहा कि कहीं आवाज़ वापस न आ जाए। एक हफ़्ता बीत गया और फिर पूरे दस दिन। और फिर, बीमारी के साथ आने वाली उदासी से बोर होकर, मैं उससे बाहर आ गया—मेरे दिमाग की आवाज़ चली गई थी और मैंने उस आत्मा के साथ शांति बना ली जिससे मेरा सामना हुआ था और सीधे रोज़मर्रा की भागदौड़ में लग गया।

क्या मुझ पर भूत सवार था? क्या यह मेंटल ब्रेकडाउन था, मेरे दिमाग का नैचुरल बंद होना जिसे ठीक होने के लिए समय और जगह चाहिए थी? लेकिन फिर आप उस सुपरह्यूमन ताकत को कैसे समझा सकते हैं जो मैंने महसूस की थी, या किसी आत्मा के मुझ पर कब्ज़ा करने का एहसास? और मेरी चमत्कारी रिकवरी का क्या? पीछे मुड़कर देखने पर, यह समझना अभी भी मुश्किल है कि क्या हुआ था, और जहां तक अरविंदर के इस तीखे सवाल का सवाल है कि 'मुझे दूसरों की मदद करने की ज़रूरत क्यों थी', कौन जानता है, क्योंकि मैं अभी भी उस जवाब की तलाश में हूं।

7

एक एक्सीडेंट की भविष्यवाणी

गोआ

हर बसंत में, नवरात्रों से पहले, देवी जगद्धात्री, या शक्ति या दुर्गा के नौ दिन के उत्सव में, शास्त्रीजी हमसे मिलने आते थे। मेरी भाभी पूनम ने ही सबसे पहले हमें उनसे मिलने का सुझाव दिया था। वह तिरुपति की भक्त थीं और तंत्र-मंत्र में उनका गहरा विश्वास था, वह उनसे किसी का चेहरा पढ़कर उसका भविष्य बताने की उनकी क्षमता के बारे में सलाह लेती थीं।

शास्त्रीजी साल में दो बार ऑफिस आते थे और हम आमतौर पर दुनिया के भविष्य, भारत के लिए क्या होने वाला है, चुनाव कौन जीतेगा, इस बारे में बात करते थे और मैं हमेशा अपने बेटों की सेहत और भविष्य के बारे में पूछता था। शास्त्रीजी ने बताया कि आदित्य को कंप्यूटर का शौक था और वह हमेशा हमारे पश्चिम में समुद्र के किनारे रहेगा—फिर उसे Xbox का जुनून सवार हो गया, और उसने मार्शल आर्ट्स के कई रूप सीखे और गोआ में अपना ट्रेनिंग स्टूडियो और रेजिडेंशियल प्रोग्राम, लाइट हेवन, शुरू किया। शास्त्रीजी को अंदाज़ा था कि अविक विदेश जाएगा लेकिन वापस आकर हमारे साथ रहेगा।

और उसने वही किया। वह पढ़ाई करने के लिए मैसाचुसेट्स के हैम्पशायर कॉलेज गया, और वापस आकर पुनीता के युवा एकता फाउंडेशन के साथ वॉलंटियर का काम किया, प्लानिंग कमीशन ऑफ़ इंडिया में इंटर्नशिप की, और फिर टीमवर्क में शामिल होकर हमारे कुछ म्यूज़िक और हेरिटेज फेस्टिवल को क्यूरेट और प्रोग्राम किया, इसके अलावा उसने अपनी म्यूज़िकल जर्नी भी जारी रखी जिसमें कंपोज़िंग, टीचिंग, एक्टिंग और कई अलग-अलग बैंड में परफॉर्म करना शामिल है।

शास्त्रीजी ने कहा कि मैं बानवे या तिरानवे साल की उम्र तक जीऊंगा और बहत्तर साल की उम्र में शायद सेहत की किसी गंभीर चुनौती का सामना करूंगा, जिससे मैं ठीक हो जाऊंगा। टीमवर्क के बारे में उनका कहना था, 'पापड़ बेलना है, कोई फायदा नहीं मिलेगा। कोई और होता तो कब का बंद कर देता।' शनि मुझ पर भारी था, और मुझे गुरुवार को मीट, ड्रिंक और सेक्स से दूर रहना चाहिए; बदले में, वह इस बुरे ग्रह के बुरे असर को दूर करने के लिए पैंतालीस दिन की पूजा करेंगे।

खैर, पूजा हो या न हो, यूनिवर्स हम पर मेहरबान रहा है और मैं जो करता हूं, उसे करने के मौके के लिए हमेशा शुक्रगुजार हूं। हमारे कई कलीग अपने भविष्य, अपनी किस्मत, सेहत, परिवार और लव लाइफ के बारे में शास्त्रीजी से सलाह लेते रहते हैं। वह एक दिन में पांच लोगों से मिलते हैं क्योंकि उन्हें लगता है कि भविष्य का अंदाज़ा लगाना और बीते हुए कल को समझना उनकी काबिलियत में है।

1996 में, शास्त्रीजी अप्रैल के आखिर में मुझसे मिलने आए। जब हमने दुनिया के हालात समझ लिए, तो उन्होंने यूं ही पूछा, 'जून की शुरुआत में आप कहां होंगे?' मैंने उन्हें बताया कि हम हर गर्मियों में गोआ में छुट्टियां मनाते हैं क्योंकि यह हमारी पसंदीदा जगह है। हम ताज अगुआडा में लहरों पर बॉडी-सर्फिंग करते, अपनी पसंदीदा जगहों पर जाते, जिनमें सुज़ा लोबो, बॉब्स इन

और सी शेल शामिल थे। बटर गार्लिक कैलामारी, गोअन प्रॉन करी और किंग फिश रेचेआडो का दौर चलता, और दिनभर लोकल बीच शैक, हैलो ब्रदर्स और जॉली बॉयज़ में आराम किया करते, जहां बच्चे ढेर सारा चिली पनीर या फ्राइड फिश, चिप्स और स्ट्रॉबेरी मिल्कशेक ऑर्डर करते। हर साल, तरुण, गीतन, टिया, कारा और मनिका और विराज के अलावा, हमारे साथ परिवार और दोस्तों की एक बढ़ती हुई टोली भी जुड़ती थी।

शास्त्रीजी हमारी छुट्टियों को लेकर परेशान क्यों थे, यह जानने के लिए मैंने वजह पूछी और उन्होंने जवाब दिया, 'नहीं, नहीं, कोई खास बात नहीं है।' फिर उन्होंने कहा कि हमें अपनी छुट्टियों का प्लान कैंसिल कर देना चाहिए। जब मैंने उनसे पूछा क्यों, तो उन्होंने दोहराया, 'नहीं, नहीं, कुछ ऐसी बात नहीं, बस पूछ रहा हूं जाने की क्या ज़रूरत है।' जैसे-जैसे बात आगे बढ़ी, उन्होंने पूछा कि हम 6 जून को कहां होंगे। मैंने कहा कि मुझे कोई आइडिया नहीं है, सिवाय इसके कि हम गोआ में होंगे, शायद ताज हॉलिडे विलेज में। उन्होंने कहा कि शायद उस दिन हमें घर के अंदर ही रहना चाहिए और होटल से बाहर नहीं निकलना चाहिए। उन्होंने आगे बताया कि उनके गुरु ने उन्हें खासतौर पर हमारे प्लान जानने और 6 जून को सावधान रहने के लिए मुझसे मिलने के लिए कहा था। जब उनसे पूछा गया कि हमें सावधान क्यों रहना है, तो शास्त्रीजी टालमटोल करते रहे, और दोहराया कि असल में चिंता की कोई बात नहीं है, हमें बस सावधान रहने की ज़रूरत है। फिर उन्होंने ऐलान किया कि वे 'उपाय' (कथित समस्या का हल) के तौर पर खास 45 दिन की पूजा करेंगे और चले गए। उनकी सालाना पूजा के पैसे देने के अलावा, मैंने शास्त्रीजी की बातों पर शायद ही कभी सीरियसली ध्यान दिया और उनकी सलाह पर शायद ही कभी अमल किया, और ऐसा हुआ कि दिल्ली की रोज़मर्रा की ज़िंदगी की भागदौड़ में, मैं हमारी बातचीत के बारे में पूरी तरह भूल गया।

गोआ स्वर्ग है! जब प्लेन मंडोवी और जुआरी नदियों के ऊपर से डाबोलिम एयरपोर्ट की ओर उतरता है, जो ताड़ के पेड़ों से घिरे पठार पर है और नए कंस्ट्रक्शन से भरा हुआ है, तो आपको शांति और सुकून का एहसास होता है।

1986 में, पुनीता और मैंने अपना हनीमून ताज अगुआडा में मनाया था। यह दस दिन तक चलने वाले शादी के जश्न से एक अच्छा ब्रेक था, जिसमें प्यार, पॉलिटिक्स और ड्रामा की भरमार थी, जो किसी भी बड़ी इंडियन शादी में होना ही था। गोआ वैसा ही था जैसा एक रोमांटिक डेस्टिनेशन को होना चाहिए। शामें अपने विला के बाहर बैठकर तारों भरे आसमान के नीचे अरब सागर के गहरे नीले फैलाव को देखते हुए बीतती थीं। दूर मापुसा में शनिवार के बाज़ार में घूमने के लिए दिन की ट्रिप, जहां हवा में ताज़े पिसे मसालों, गुड़ और सूखी मछली की खुशबू फैली होती थी, घर पर बनी गोवा की चोरिज़ो की लड़ियां, मिर्च के हार, अदरक या लहसुन, काली मिर्च और मिर्च के साथ मिले खुशबूदार नमक लकड़ी की गाड़ियों पर आकर्षक ढंग से सजाए जाते थे। हम ओल्ड गोवा के चर्च और अंजुना और बागा के नाइट मार्केट गए, कार्निवल में डांस किया, पुनीता के कज़िन दीपक और उसके पार्टनर के साथ पार्टी की, जिनसे हम होटल में मिले थे, और फिर अच्छे पब और झोपड़ियों में घूमे और धूप और रेत का मज़ा लिया। 1980 के दशक में, कलंगुट और कैंडोलिम शांत जगहें थीं, जहां बड़े-बड़े खाली बीच थे, जहां कभी-कभी झोपड़ियां दिख जाती थीं और तब हमें उस टूरिस्ट एवलांच का कोई अंदाज़ा नहीं था जो आखिरकार राज्य पर कब्ज़ा कर लेगा।

दस साल बाद बच्चों और अपने दोस्तों के साथ ताज हॉलिडे विलेज लौटना, कई मायनों में, होम कमिंग जैसा था। हमारी छुट्टियों का अपना ही रिदम था, जो हंसी-मजाक, ड्रिंक्स, दोस्ती और कहानियों से भरपूर था। बच्चे सुबह जल्दी उठते और बच्चों के पूल में पैडलिंग करते। मैं लंच टाइम के करीब बाहर निकलता और फिर हम बीच हाउस में शिफ्ट हो जाते। कई वोडका पीने के

बाद, हम दोपहर की झपकी लेते और फिर, चारों बच्चों को ताज स्टाफ की देखरेख में बच्चों के एक्टिविटी सेंटर में छोड़कर, हम चेरी और व्हिस्की सॉर्स के साथ स्वीट नंबर 9 विनिकोला पीते हुए गोआ के जादू का अनुभव करने के लिए निकल पड़ते थे, और पोर्क सोरपोटेल, प्रॉन रेचाडो और बीफ़ चिली फ्राई का मज़ा लेते थे।

6 जून की सुबह आम दिनों की तरह ही शुरू हुई, ताज हॉलिडे विलेज बीच शैक, कारावेला में डोसा, बेकन और सॉसेज के ब्रंच के साथ, उसके बाद अरब सागर में बॉडी सर्फिंग, वोडका सॉर्स और ढेर सारा बटर गार्लिक कैलामारी और लंच में गोअन फिश करी। जैसे-जैसे शाम हुई, हमने बच्चों को प्ले-सेंटर भेजा और बॉम सक्सेसो के लिए निकल पड़े, जो पास में एक वॉटरिंग होल था जहां खूब वाइन पी गई और दुनिया की प्रॉब्लम्स को डिस्कस किया गया। जैसे-जैसे रात गहराती गई, तरुण और गीतन के बीच किताबें खरीदने या उधार लेने के फायदों पर गरमागरम बहस शुरू हो गई और यह पुनीता के तरुण पर एक खाली प्लास्टिक की बोतल फेंकने के साथ खत्म हुई। हमारे शोर से परेशान होकर, अगली टेबल पर बैठे मेहमानों ने मालिक से शिकायत की, जो नीचे आया और हम सभी को रेस्टोरेंट से जाने के लिए कहा। रात के 11 बज रहे थे और जैसे ही हम जाने के लिए उठे, हमें एक ज़ोरदार धमाके की आवाज़ सुनाई दी। हमने अचानक चारों ओर देखा कि सब ठीक था या नहीं और फिर यह देखने के लिए बाहर भागे कि क्या हुआ था। मौसम की पहली बारिश रुक गई थी और धुंध छंट गई थी। जिन दो लोगों ने हमारे बारे में शिकायत की थी, उनकी बाइक क्रैश हो गई थी और वे सड़क पर बेहोश पड़े थे, बाइक के पहिए हवा में घूम रहे थे। मैंने लंबे आदमी की कलाई पकड़ी और, नब्ज न मिलने पर, उसे मरा हुआ समझा, लेकिन उसने नशे में खर्राटे लिए। उसका नाम डेविड था और वह 6 फीट 2 इंच या उसके आस-पास का था और उसका वज़न कम से कम 120 किलो रहा होगा। उसका दोस्त उठा

और अपनी किस्मत पर दुख जताने लगा और हमें बताने लगा कि वे ऊटी से कैसे आए थे।

हमने डेविड को उठाया, जो अपने वज़न से लड़खड़ा रहा था, पास से गुज़र रही एक कैब बुलाई और ड्राइवर को उन दोनों लोगों को सबसे पास के प्राइमरी हेल्थकेयर सेंटर ले जाने को कहा। हम अपनी बाइक पर उनके पीछे-पीछे गए। जब हम डॉक्टर का इंतज़ार कर रहे थे, मैंने लड़कियों को बताया कि डेविड को कोई नींद की दवा नहीं दी जानी चाहिए और उन्हें उससे लगातार बात करनी चाहिए ताकि वह बिज़ी रहे और यह पता लगाने की कोशिश करनी चाहिए कि उसे दिमाग में कोई चोट तो नहीं लगी थी, यह सब कुछ उस जानकारी पर आधारित था जो मैंने कहीं से सिर की चोट के मामलों में फर्स्ट एड के बारे में ली थी। जब डॉक्टर इंजेक्शन लेकर आए, तो लड़कियों ने ऐतराज किया और कहा कि यह सही मेडिकल प्रैक्टिस नहीं थी। नींद से जगाने की वजह से झल्लाए डॉक्टर ने कहा कि हम उसे सलाह देने वाले कौन थे, और फिर डेविड को एक इंजेक्शन लगाने और उसके कट और चोट का इलाज करने लगे।

इस बीच, तरुण और मैं टूटी-फूटी मेडिकल चौकी की नमी और धूल से बचकर मेन रोड पर एक कार से टिककर उस घटना के बारे में बात कर रहे थे, तभी वहां से गुजरते ताज के ड्यूटी मैनेजर ने हमें देखा और रुककर पूछा कि क्या हुआ था। उन्होंने सुझाव दिया कि हम होटल वापस जाएं और वह मरीज़ को बैम्बोलिम जनरल हॉस्पिटल ले जाएंगे, जो वहां से 45 मिनट की ड्राइव पर था। तब तक आधी रात हो चुकी थी, और एक्सीडेंट की वजह से हम सब होश में थे। तरुण और गीतन अपने स्कूटर पर सवार हो गए, उनके पीछे पुनीता बैठी थी। विराज और मनिका दूसरी बाइक पर सवार हो गए और मैं पीछे लटका रहा। जैसे ही हम निकलने वाले थे, पुनीता तरुण के स्कूटर से कूदकर मेरे पास आईं और सुझाव दिया कि हम जगह बदल लें, और हमने

वही किया। तरुण ने विराज को बारिश और फिसलन भरी सड़कों को देखते हुए तेज़ गाड़ी न चलाने के लिए कहा, और वह अंधेरे में भाग गया।

धुंध की वजह से विज़िबिलिटी कम हो गई थी; बस कुछ ही स्ट्रीटलाइट थीं और दुकानें बंद थीं। मनिका ने पुनीता को वॉर्निंग दी कि चाहे कुछ भी हो जाए, वह उससे लिपटी रहे और उसे जाने न दे। वह लंबे समय से विराज की रैश ड्राइविंग से परेशान थी। एक बार, जब वे गुड़गांव में 32nd माइलस्टोन पर पॉपुलर डिस्को फायरबॉल से लौट रहे थे, जहां हम सब अक्सर जाते थे, तो वह आया नगर के पास अपनी एम्बेसडर में बहुत तेज़ स्पीड में मुड़ा और दरवाज़ा खुल गया और मनिका कार से बाहर गिर गई। जो हुआ था उससे अनजान, विराज कुछ देर तक उससे बात करता रहा, फिर उसे एहसास हुआ कि वह वहां नहीं थी। वह उसे देखने के लिए वापस मुड़ा, तो उसने देखा कि वह सड़क के किनारे बैठी थी, बहुत खून बह रहा था, कार से गिरने की वजह से उसकी स्किन फट गई थी।

तरुण, जो एक सावधान ड्राइवर था, उसने स्कूटर को ध्यान से चलाया। जैसे ही हम ताज हॉलिडे विलेज गेट के पास पहुंचे, हमने देखा कि एक बाइक साइड में पड़ी थी, उसके पहिए अभी भी घूम रहे थे, और सड़क पर तीन लोग पड़े हुए थे। विराज और मनिका को ज़्यादा चोट नहीं लगी थी, लेकिन पुनीता का सिर स्कूटर से गिरने पर सड़क पर लग गया था और उसे चोट लगी थी, घाव से खून बह रहा था। अब तक हमें पता चल गया था कि क्या करना था और हम होटल के रिसेप्शन की ओर दौड़े, होटल की कार ली और फ्रंट डेस्क से कहा कि बैम्बोलिम हॉस्पिटल को बता दें कि हम वहां पहुंच रहे थे। तरुण और मैं पुनीता के साथ निकल गए, मनिका और विराज को साफ-सफाई करने और यह देखने के लिए छोड़ दिया कि उन्हें कोई कट या चोट तो नहीं लगी थी, और गीतन को बच्चों का ध्यान रखने के लिए कहा।

बैम्बोलिम जनरल हॉस्पिटल में, हम पुनीता को इमरजेंसी में ले गए, तो देखा कि डेविड का इलाज ड्यूटी डॉक्टर एक बेड पर कर रहे थे। दूसरे बेड

पर बॉम सक्सेसो का मालिक था, जो अपने मेहमानों के पीछे-पीछे हॉस्पिटल गया था और अंधेरे में भैंसों के झुंड से टकरा गया था, जिससे उसके घुटने और कोहनी में चोट लग गई थी। तीसरे बेड पर ताज का ड्यूटी मैनेजर दर्द से कराह रहा था। डेविड का स्ट्रेचर उठाने में मदद करते समय वह एक गड्ढे में गिर गया था, और उसके पैर की उंगली टूट गई थी।

इमरजेंसी डॉक्टर और नर्स अचानक आए इतने सारे मरीज़ों को देखकर हैरान थे, जो एक-दूसरे को जानते तो थे, लेकिन अलग-अलग समय पर आए थे और तीन अलग-अलग एक्सीडेंट में शामिल थे। पुनीता की जांच करने के बाद, डॉक्टर ने नर्स को खून बहने से रोकने के लिए उसके सिर के घाव पर टांके लगाने को कहा। जैसे ही नर्स ने पुनीता का सिर मुंडवाना शुरू किया, खून का फव्वारा फूट पड़ा। फिर उसने पुनीता के सिर में एक भाला जैसा कुछ घुसा दिया। टेबल के उस पार से, तरुण ने मुझे 'ओह माय गॉड, क्या यह सच में है' वाले एक्सप्रेशन से देखा, तभी मैंने अपनी आंखें घुमाईं और स्लो मोशन में बेहोश हो गया, बिल्कुल किसी कॉमिक बुक सीन की तरह, डॉक्टर मुझे बाहर निकालने के लिए चिल्ला रहा था और तरुण यह देखकर हंस रहा था।

अब सुबह के 3 बज रहे थे। पुनीता के पैच लग चुके थे, और हम नर्स के पीछे-पीछे नीले और क्रीम रंग के कॉरिडोर से ICU तक स्ट्रेचर ले जा रहे थे। विराज होटल से आया था, फ्रेश नहाकर और सफ़ेद मोज़े, टी-शर्ट और शॉर्ट्स पहने हुए। वह बहुत एनर्जी और बराबर गिल्ट के साथ अंदर आया। ICU एल शेप में बना था, जिसमें नर्सों की बड़ी टेबल थी – जिस पर सिरिंज ट्रे, दवाएं, रिपोर्ट्स, ब्लड प्रेशर मशीनें और भी बहुत कुछ था – जो x-एक्सिस पर थी। शॉर्टकट लेने के इरादे से विराज ने उस पर से कूदने की कोशिश की, टेबल से टकराया और उसे अपने साथ नीचे गिरा दिया। ICU की शांति तब टूट गई जब हार्ट और लंग मशीनें कुछ देर के लिए रुक गईं और मरीज़ झटके से जाग गए; रात के सन्नाटे में इमरजेंसी अलार्म बज रहा था।

अफ़रा-तफ़री शांत होने और पुनीता को स्ट्रेचर से बेड पर ले जाने में थोड़ा समय लगा। मैंने तरुण और विराज से होटल वापस जाने को कहा और कहा कि मैं सुबह तक जागता रहूंगा; हम दिल्ली जाने के अपने प्लान बदलेंगे। मुझे कभी जनरल वार्ड या इमरजेंसी रूम पसंद नहीं रहे, और जैसे ही सुबह हुई और मैंने चारों ओर देखा, मुझे एहसास हुआ कि मेरे आस-पास के बेड पर ट्रॉमा के अलग-अलग स्टेज के मरीज़ थे। अगले बेड पर एक बुज़ुर्ग आदमी लेटा था जिसका कोलोस्टॉमी बैग लीक हो गया था। मेरे लिए इतना ही काफ़ी था कि मैं एडमिशन टेबल तक गया और पुनीता को डिस्चार्ज करने के लिए कहा। मेरा अंदाज़ा था कि वह जनरल हॉस्पिटल के बजाय हमारे ताज विलेज के ठंडे कमरे में मेडिकल केयर से ज़्यादा बेहतर रहेगी; और अगर वह मरती भी है, तो खैर, वह एक शानदार बेड के आराम में होगी जो एक बदसूरत ICU के नज़ारों और बदबू से बहुत दूर होगा।

हमें पुनीता को दिल्ली वापस लाने के लिए फ़्लाइट से क्लियरेंस मिलने में कुछ दिन लग गए, जहां उसके MRI स्कैन में उसके दिमाग में एक बड़ा घाव और ट्रॉमा दिखा। इसके बाद डॉक्टरों के पास जाना और न्यूरोलॉजिस्ट और न्यूरोसर्जन से सलाह लेना शुरू हुआ। AIIMS में न्यूरोसाइंस डिपार्टमेंट के हेड डॉ. रवि भाटिया चाहते थे कि पुनीता छह महीने तक दवा लेती रहे और उन्होंने पुनीता को स्विमिंग, ड्राइविंग, सीढ़ियां न चढ़ने या खुद से बिना किसी सहारे न चलने की सलाह दी। पुनीता ने यह सब नहीं माना और अपने परिवार के होम्योपैथ, मशहूर डॉ. चोपड़ा के पास चली गई। एक्सीडेंट और उससे लगी चोट के असर ने साफ़तौर पर उसकी बेसब्री और गुस्से को बढ़ा दिया था। डॉ. चोपड़ा – जो उस समय अस्सी के आस-पास के थे – के अजीब सवालों से वह अक्सर गुस्सा हो जाती थी और मुझे बीच में आकर उसके जवाबों पर बात करनी पड़ती थी। उसे ठीक होने में लगभग एक साल लग गया, हालांकि उसकी शॉर्ट-टर्म मेमोरी पर हमेशा के लिए असर पड़ा था, और उसके सब्र पर भी। इन

सबके बीच, आदित्य मेरे पास आया और पूछा कि क्या मैं अपने बाल बढ़ाने का प्लान बना रहा था। मेरे पास ग्रेटर कैलाश II के हेयर सैलून एफिनिटी जाने का टाइम नहीं था। मैंने उससे पूछा क्यों। और उसने जवाब दिया कि अगर मैं अपने बाल बढ़ा लूं, तो मैं उनके स्कूल नहीं आ पाऊंगा क्योंकि इससे बहुत ज़्यादा अटेंशन अट्रैक्ट होगा। यही वह मैजिक मोमेंट था जब मैंने अपने बाल बढ़ाने और पेरेंट-टीचर मीटिंग और स्कूल की दूसरी ज़िम्मेदारियों से बचने का फैसला किया। और बाकी, जैसा कि वे कहते हैं, हिस्ट्री है!

कुछ हफ़्ते बाद, शास्त्रीजी हमसे मिलने वापस आए। उन्होंने कहा कि उन्होंने कई पूजा-पाठ करके सबसे बुरे हालात से बचने की कोशिश की थी। ऐसा लगता था कि आप अपनी किस्मत तो नहीं बदल सकते, लेकिन अलग-अलग उपायों से उसे टाल सकते हैं! उन्होंने कहा, अगर मैं उस बाइक पर होता, जिसका एक्सीडेंट हुआ था, तो नतीजे कहीं ज़्यादा बुरे होते; मेरा कोई अंग कट जाता या कोई अंग घायल हो जाता। क्योंकि पत्नी ही अकेली होती है जो पति के कर्म ले सकती है, शास्त्रीजी ने अपनी पैंतालीस दिन की पूजा से वैसा ही करने की कोशिश की थी।

6 जून मेरे लिए भारी था, इसीलिए शास्त्रीजी के गुरु ने उन्हें इसके नतीजों के बारे में हमें चेतावनी देने और ग्रहों की चाल का असर कम करने का तरीका खोजने के लिए भेजा था।

शास्त्रीजी साल में दो बार मेरे ऑफिस आते रहते हैं और तबसे उन्होंने कई भविष्यवाणियां की हैं जो सच हो चुकी हैं।

8

द फायर

सफदरजंग एन्क्लेव, नई दिल्ली

तारों से ढके आसमान में एक चौथाई चांद बेजान सा लग रहा था। बिजली जाने से लाइटें बुझ गई थीं। उस जून की रात की चिलचिलाती गर्मी में एक पत्ता भी नहीं हिला।

मैं बिस्तर से उठा और अंधेरे में ध्यान से देखने लगा कि शटडाउन किस वजह से हुआ था। क्या यह इलाके में शॉर्ट सर्किट था या हमारा अपना बिजली कनेक्शन ट्रिप हो गया था, जो कई एयर कंडीशनर के चलने से ओवरलोड था?

मुझे गर्मियां पसंद नहीं थीं; दिल्ली इलेक्ट्रिक सप्लाई अंडरटेकिंग (DESU) हर साल जो वादे करता था, उसके बावजूद 1990 के दशक का खस्ताहाल सिस्टम डिमांड को पूरा नहीं कर पाता था, और इसलिए हम अचानक पावर कट के डर में जीते थे।

सफदरजंग एन्क्लेव में हमारा घर उस मुख्य सड़क पर था, जो कमल सिनेमा को अफ्रीका एवेन्यू से जोड़ती है और पूरब से पश्चिम की ओर जाती है।

न्यूक्लियर सबमरीन प्रोजेक्ट शुरू करने और आखिरकार सरकार से रिटायर होने के बाद, पा सेंट्रल दिल्ली से दूर नहीं जाना चाहते थे। उन्हें तीन मूर्ति भवन का आराम पसंद था, जहां वे फेलो थे; अनगिनत बोर्ड मीटिंग्स, सेमिनारों, राइटिंग प्रोजेक्ट्स और अपने ऑफिस, इंडियन ओशन सोसाइटी (कुतुब इंस्टीट्यूशनल एरिया के पास) के बीच भागते-दौड़ते दिल्ली जिमखाना क्लब और इंडिया इंटरनेशनल सेंटर उनकी पसंदीदा जगहें थीं।

सफदरजंग एन्क्लेव और पास के गांव मोहम्मदपुर में लोधी और तुगलक काल के ऐतिहासिक स्मारक थे। यहां का आर्किटेक्चर मिला-जुला था। तीन गुंबद वाला तीन बुर्ज या टिन बुर्ज पंद्रहवीं सदी का था, इसका आर्किटेक्चर दूसरे समय के मकबरों से अलग था। नवाब औदितुल्लाह खान का मकबरा, एक स्मारक से बिल्कुल सटा हुआ था जिसे मोहम्मदपुर के मकबरे के नाम से जाना जाता था। इसके ज़्यादातर हिस्से पर कब्ज़ा कर लिया गया था और बाकी बचा हुआ थोड़ा-बहुत हिस्सा समय के साथ शहर की तरफ लगातार बढ़ते फैलाव की वजह से मुश्किल से बचा हुआ था। थोड़ी ही दूरी पर बिजरी खान का मकबरा था, जो बहुत ज़्यादा खराब हो चुका था। ये लोधी और तुगलक वंशों की सेनाओं के कब्रिस्तान थे, जिनमें से कई मकबरे समय के साथ पुरानी चीज़ों में खो गए। अब सिर्फ़ कुछ भूत-प्रेत ही बचे हैं, जिन्हें किस्मत ने कब्रों, चमगादड़ों और चूहों के साथ रहने के लिए मजबूर कर दिया था।

साल 1997 था। इंदर कुमार गुजराल ने हाल ही में भारत के प्रधानमंत्री के तौर पर शपथ ली थी। दिल्ली के अमीर लोगों में बहुत खुशी थी क्योंकि वह और उनकी कवि पत्नी 'हमारे जैसे लोग' थे और सभी उन्हें जानते थे, सत्ता के गलियारों में एक शरीफ और पसंदीदा सदस्य, जहां पिछले कुछ सालों से उथल-पुथल मची हुई थी। सबने मिलकर राहत की सांस ली और उम्मीद की कि शायद गठबंधन की राजनीति के साथ एक उलझे हुए, अगर शर्मनाक नहीं तो, रिश्ते के बाद सब कुछ पहले जैसा ही हो जाएगा।

हमारे घर के सामने ही बिजली विभाग का जर्जर हुआ दफ्तर था, जिसकी दीवारें पान की पीक से बदरंग पड़ चुकी थी। वहीं अब कुर्ता-पजामा पहने कुछ लोग जुट आये थे, ये जानने के लिए कि बिजली कब तक वापस आने वाली थी। मैं बालकनी से हमारे बेडरूम तक कॉरिडोर में टहल रहा था, इस उम्मीद और प्रार्थना के साथ कि बिजली चमत्कारिक रूप से वापस आ जाएगी, जिससे इन्वर्टर पर चल रहे चरमराते पंखों की रफ़्तार बेहतर होगी और हमें हवा भी लगेगी।

अचानक एक बिजली कड़की, पीपल का पेड़ रोशन हो गया और हर उस भूत और आत्मा को खत्म कर दिया जिसने कुछ देर के लिए वहां पनाह ली थी, और हम फिर से अंधेरे में डूब गए। भीड़ में से कोई दहाड़ा और तेज़ आवाज़ें आने लगीं। नींद से झुंझलाए लोगों का गुस्सा बिजली विभाग के बेचारे नाइट स्टाफ़ पर निकल रहा था। कुछ मिनट बाद, लाइटें वापस जल गईं और शांति छा गई। शोर मचा रहे लोग अपने घरों को वापस चले गए और सड़कों पर आवारा कुत्ते दोबारा दिखने लगे। थककर, मैं वापस बिस्तर पर चढ़ गया। पुनीता हिली तक नहीं थी। ज्वालामुखी फट सकता था; भूकंप से इमारतें गिर सकती थीं; धूल का तूफ़ान पीपल के पेड़ को उखाड़ सकता था—लेकिन वह टस से मस नहीं हुई... मासूमियत की नींद और एक शांत आत्मा की निशानी।

मैं एक सपने में गोता लगा रहा था, और उसकी भूलभुलैया से गुजर रहा था, तभी अचानक जलते हुए रबर की गंध से चौंककर जाग गया। मैं घर में पावर पॉइंट देखने के लिए बिस्तर से उछला, गलियारे में गया और मीटर बॉक्स को देखा, उसके तार मेडुसा के कर्ल की तरह एक-दूसरे पर चढ़े हुए थे, इन्वर्टर पर नज़र डाली और कुछ भी खराब न पाकर, अपने बिस्तर पर आराम से वापस चला गया।

किसी इंसान की चिता की राख जैसी एक तीखी गंध की वजह से मैं फिर से जाग गया। मैं यह देखने के लिए दौड़ा कि क्या कहीं आग लगी थी, लेकिन

कुछ भी गलत नहीं लगा। थोड़ी देर बाद, जलने की गंध वापस आ गई, बस इस बार मुझे धुएं का गुबार दिखाई दे रहा था, उबकाई लाने वाली उसकी गंध बहुत तेज़ थी, जिससे मेरा सिर चकराने लगा। मैंने पुनीता को जगाया, मैं इस बात से झल्ला रहा था कि वह इतने सब के बावजूद कैसे सोती रही। हम दोनों ने हर प्लग और पावर कनेक्शन, बिजली के मीटर, फ्यूज बॉक्स और फ्रिज चेक किए, और कुछ नहीं मिला। पुनीता ने मेरा आई मास्क मेरी तरफ फेंका, मुझे अमृतांजन बाम दिया ताकि मैं अपनी नाक पर लगा लूं और मुझे गंध न महसूस हो। उसने मुझसे तकिये से सिर ढकने को कहा, मुझे कसकर गले लगाया और सो गई।

अगली सुबह, जब मैंने बताया कि क्या हुआ था, तो पुनीता ने अपनी कहानी सुनाई। वह और उनकी कलीग उर्मिला, जो उस समय पर्सपेक्टिव फिल्म्स में अकाउंट्स हेड थीं, ज़ी टीवी के लिए अपने प्रोग्राम *शक्ति* पर काम करते हुए कुछ समय से जादू-टोने के साथ एक्सपेरिमेंट कर रही थीं। वे हीलिंग के कई पहलुओं को एक्सप्लोर करना चाहती थीं। उर्मिला और पुनीता दोनों ने रेकी कोर्स किया था। समय के साथ, वे अन्य लोगों की एनर्जी और पहलुओं से जुड़ने लगीं। उर्मिला के पिता के गुज़र जाने के बाद, उन्होंने उनसे रेगुलर बात करना शुरू कर दिया, चाहे वह फैमिली मसले हो या बस सलाह लेने और मेरिडियन के दूसरी तरफ की ज़िंदगी को एक्सप्लोर करने के लिए। यह सब वे प्लैंचेट के ज़रिए करती थीं, क्योंकि उर्मिला के पास एक मीडियम के तौर पर थोड़ी-बहुत स्किल थी, और दिन-ब-दिन, वे अपने ओइजा बोर्ड के ज़रिए गुज़रती आत्माओं को बुलाती थीं, अतीत में झांकती थीं और भविष्य बताने की उम्मीद करती थीं।

जब भी पुनीता और उर्मिला अपना ओइजा बोर्ड निकालती थीं, मैं घबरा जाता था। यह कोई बच्चों का खेल नहीं था और निश्चित रूप से नौसिखियों के लिए कोई टाइमपास एक्टिविटी नहीं थी। दूसरे डायमेंशन की आत्माओं से

डील करने का मतलब था कि आपकी एक ज़िम्मेदारी थी। हालांकि पुनीता और उर्मिला इन 'दूसरी एनर्जी' के साथ तालमेल बिठा रही थीं और उन्हें अट्रैक्ट कर सकती थीं और उनसे बातचीत कर सकती थीं, लेकिन उन्होंने उन्हें वापस रोशनी में भेजने की कला में महारत हासिल नहीं की थी। उस मनहूस दिन, जब उन्होंने मदद के लिए हाथ बढ़ाया, तो एक छोटी लड़की के रूप में आग की लपटों में घिरी हुई, डरी, सहमी-सी आत्मा उस ट्रेजेडी से भागने की कोशिश करते हुए आई, जिसने उसे और उसके परिवार को निगल लिया था।

उस दिन पहले, ग्रीन पार्क मार्केट में, हमारे पड़ोस से थोड़ी ही दूरी पर, उपहार सिनेमा ट्रेजेडी हुई थी। 1971 के भारत-पाक युद्ध के दौरान लोंगेवाला की लड़ाई पर आधारित ब्लॉकबस्टर फिल्म *बॉर्डर*, हाउसफुल चल रही थी और बॉक्स ऑफिस पर भारी भीड़ थी। इस फिल्म में सनी देओल, सुनील शेट्टी, अक्षय खन्ना और जैकी श्रॉफ के साथ तब्बू और राखी जैसे कलाकार थे, और इसे जे.पी. दत्ता ने डायरेक्ट किया था। उपहार सिनेमा हॉल में दिल्ली विद्युत बोर्ड का एक ट्रांसफॉर्मर खराब मेंटेनेंस की वजह से आग पकड़ गया, और ऑयल सोक पिट न होने से ऑयल फैल गया और आग ने तेजी से सिनेमा हॉल को धुएं से भर दिया। हॉल के अंदर मौजूद लोगों का दम घुटने लगा। (फायर और सेफ्टी के नियमों को रेगुलर तौर पर तोड़ा जाता था और कोई भी बिल्डिंग सच में सेफ नहीं थी।) हॉल के एग्जिट पर पहले से ही ताला लगा था ताकि बाहर की भीड़ अंदर न आ सके, इसने हालात को और खराब कर दिया। वहां और कोई इमरजेंसी एग्जिट नहीं थी। जैसे ही थिएटर में धुआं भरा, लोग भागने की कोशिश करने लगे, जिससे भगदड़ मच गई। उस दिन हुई दुखद घटना में 59 लोगों की जान चली गई और सौ से ज़्यादा लोग घायल हुए। उपहार सिनेमा मैनेजमेंट और फायर सर्विस ने इस घटना की ज़िम्मेदारी नहीं ली। फायर टेंडर दिनभर आग बुझाने और ज़्यादा से ज़्यादा लोगों को बचाने के लिए काम करते रहे। पूरी दिल्ली सांस रोके लोगों की सकुशल वापसी का

इंतज़ार कर रही थी, लेकिन जैसे-जैसे लाशें बाहर निकल रही थीं, ये साफ़ हो चला था कि ज़्यादा लोगों को नहीं बचाया जा सका था।

कृष्णमूर्ति परिवार, जिनके दो बच्चे उपहार ट्रेजेडी में मारे गए थे, ने पीड़ितों के लिए न्याय और मुआवज़ा मांगने और इस हादसे के लिए ज़िम्मेदार लोगों को सामने लाने के मकसद से एक ऑर्गनाइज़ेशन बनाया। इन सालों में, उन्होंने एक लापरवाह एडमिनिस्ट्रेशन; प्रभावशाली अंसल भाइयों, जो सिनेमा हॉल के मालिक थे लेकिन जो कुछ हुआ उसकी कोई ज़िम्मेदारी नहीं लेना चाहते थे; फायर डिपार्टमेंट और दूसरे लोकल सरकारी डिपार्टमेंट्स से लड़ाई लड़ी, जिन्होंने रूटीन चेक्स को नज़रअंदाज़ किया था। उन्हें कोर्ट और रुकावट डालने वाली नौकरशाही से लड़ते हुए दो दशक से ज़्यादा का समय लगा, तब जाकर वे कुछ बहुत ज़रूरी हेल्थ और सेफ्टी पॉलिसी लागू करवा पाए और प्रभावित परिवारों को मुआवज़ा दिला पाए।

यह दुखद घटना शुक्रवार, तेरह तारीख को हुई थी। दुखद घटना के अगले दिन सुबह, बालकनी में बैठे हुए, हमने देखा कि सड़क से कुछ दूरी पर एक बिल्डिंग से चार लाशें सफेद कपड़ों में लिपटी हुई एक ट्रक में लादी जा रही थीं। परिवार के लोग एक-दूसरे को दिलासा दे रहे थे; हम दादाजी की ज़ोर-ज़ोर से रोने की आवाज़ सुन सकते थे, जो उन जवान ज़िंदगियों के लिए दुख मना रहे थे जो समय से बहुत पहले ही खत्म हो गई थीं।

पुनीता और उर्मिला को जो लड़की दिखाई दी थी, उसने उपहार की आग में अपनी जान गंवा दी थी; वह बहुत डरी हुई थी और लगातार भाग रही थी, आग से भाग रही थी। उस समय, पुनीता और उर्मिला को उस दुखद घटना का ठीक से अंदाज़ा नहीं था और उन्होंने उसे शांत करने की कोशिश की, लेकिन लड़की शांत नहीं हुई, वह अपने चारों ओर फैले डर में फंसी हुई थी, भागने के लिए बेचैन थी। उन्होंने उससे रोशनी की ओर बढ़ने की गुज़ारिश की, उसे शांत करने के लिए रोशनी और प्यार भेजा, लेकिन अपनी बेचैनी में वह उनकी

बात नहीं सुन पा रही थी। उन्होंने अपनी प्रार्थनाएँ दोहराईं, लेकिन कोई फ़ायदा नहीं हुआ। उन्होंने अपना सेशन खत्म किया और बोर्ड बंद कर दिया, उन्हें यह एहसास नहीं हुआ कि आत्मा को कहीं जाने की जगह नहीं मिली थी। अगली सुबह, उन्होंने मेडिटेशन किया और उसे हीलिंग, प्यार और रोशनी भेजी और उसे एक नए डायमेंशन का रास्ता खोजने में मदद की।

मैंने पुनीता और उर्मिला से वादा लिया कि वे सुपरविज़न के अलावा दोबारा ओइजा बोर्ड नहीं निकालेंगी। इसके बाद, उन्होंने अपने गुरुदेव की शरण ली, जब भी उन्हें ज़रूरत होती, वे सलाह और मदद के लिए उनसे संपर्क करती थीं। कुछ साल बाद उर्मिला गुज़र गईं, उन्होंने कार्मिक रिसर्च सेंटर (केआरसी) शुरू किया था, जो हीलिंग और स्पिरिचुअल एम्पावरमेंट के लिए एक पवित्र जगह थी और अब नोएडा में दिलीप शंकर की सुपरविज़न में है।

दिलीप, जो नब्बे के दशक में टीमवर्क में साथ काम करते थे, उनके पिता अजय शंकर की मौत एक एक्सीडेंट में हो गई थी। अजय शिरडी से वापस आ रहे थे, तभी उनकी कार के ड्राइवर ने एक ट्रक से बचने के लिए गाड़ी घुमाई और गन्ने से लदे एक खड़े ट्रैक्टर ट्रेलर से टकरा गए। इस ट्रैक्टर ट्रेलर की एक लकड़ी अजय के सिर में घुस गई, जिससे उनकी तुरंत मौत हो गई। दिलीप इस दुखद घटना से उबर नहीं पाए, इसलिए उनका परिवार उनकी अचानक हुई मौत को समझने और गुरुदेव के ज़रिए उनसे बात करने के लिए केआरसी आया था, ताकि यह समझ सकें कि उनकी मौत इस अचानक और हिंसक तरीके से क्यों हुई।

गुरुदेव ने बताया कि अजय अनजाने में ही दुनिया छोड़ने की तैयारी कर रहे थे और ऐसा लगता है कि एक्सीडेंट से कुछ महीने पहले तक, वह मौत के बाद की ज़िंदगी और उससे जुड़े विषयों पर किताबें पढ़ रहे थे। दिलीप, एक हमदर्द और समझदार इंसान थे, उन्होंने केआरसी और उसकी एक्टिविटीज़ में दिल और जान लगा दी, जिससे उनके परिवार को शुरू में बहुत चिंता

हुई, लेकिन समय के साथ, परिवार ने उनके फैसले का सम्मान करना शुरू कर दिया; वह और पुनीता नोएडा में और गुड़गांव में हमारे घर पर, और ऑनलाइन, दोनों जगह मेडिटेशन सेशन करते रहते हैं।

केआरसी लोगों को अपना मकसद ढूंढने, बीमारी और मौत को समझने, अपने अतीत को याद करने और रोज़मर्रा की चीज़ों से निपटने में मदद करता है: टूटे दिल और टूटी आत्माएं, काम या परिवार की समस्याएं, डिप्रेशन और मेंटल हेल्थ से जुड़ी समस्याएं और दूसरी परेशानियां। वे रिकॉर्डेड मेडिटेशन कराते हैं, आर्ट और हीलिंग वर्कशॉप चलाते हैं और उन लोगों को मौके देते हैं जो अपनी अंदरूनी आध्यात्मिक यात्रा को एक्सप्लोर करना चाहते हैं—और ऐसा करके वे अपने पिछले पैटर्न को समझने और ड्रामा को कंट्रोल करने, अपनी पसंद और उसके नतीजों की ज़िम्मेदारी लेने और उन लोगों को माफ करते हैं जिन्होंने उन्हें जाने-अनजाने में चोट पहुंचाई हो, और उनसे माफी मांगते हैं जिन्हें उनके कामों की वजह से चोट पहुंची हो, ताकि वे खुद को, अपने अतीत और अपने वर्तमान को ठीक कर सकें।

9

पहाड़ी आत्माएं

नैनीताल, स्विट्ज़रलैंड, लद्दाख

1999 में, पहाड़ों पर हमारी कई छुट्टियों में से एक के दौरान, तरुण और गीतन को नैनीताल ज़िले के गेथिया नाम के एक छोटे से गाँव के पास एक पहाड़ी पर फैली एक प्यारी सी ज़मीन मिल गई। वे अक्सर अच्छी ज़मीन खरीदने की तलाश में रहते थे। पास की सेंक्चुरी उन लोगों के लिए एक सुरक्षित जगह थी जो टीबी से पीड़ित थे और जिन्हें 'ताज़ी हवा' की ज़रूरत थी। एक तरफ नैनीताल और दूसरी तरफ गढ़वाल की गहरी घाटियाँ थीं। यह ज़मीन पेड़ों से भरी हुई थी और यहाँ एक पुराना कॉलोनियल पत्थर का बंगला था, जो मैडम ड्यूरेल का घर था। वे यहीं रहती थीं और यहीं उनकी मौत हुई थी। कहा जाता है कि जब महात्मा गांधी एक बार यहाँ आए थे, तो उन्होंने उन्हें चाय पर बुलाया था।

तरुण और गीतन को वह पुरानी बिल्डिंग और उसकी शानदार लोकेशन बहुत पसंद आई और वे हमें उसे दिखाने के लिए वहाँ ले गए। घर सिर्फ़ एक ढाँचा था—लकड़ी के फ़र्श मौसम और गाँववालों की मिली-जुली तोड़-फोड़ से बहुत

पहले ही खराब हो चुके थे, जो अपनी भट्टियाँ जलाने के लिए लकड़ी की तलाश में आते थे। घर की छत आधी टूटी टाइलों का जाल थी। हालाँकि, इसकी मज़बूत पत्थर की दीवारें दो फ़ीट मोटी और अभेद्य थीं। इसमें एक दिखावटी टॉयलेट था, बाहर बने टॉयलेट में एक छेद जिसके ऊपर आपको सावधानी से संतुलन बनाते हुए बैठना पड़ता था ताकि आप पुरानी गंदगी के ढेर में न गिर जाएँ।

अगले दस सालों में, तरुण और गीतन ने घर को ठीक करने का काम करवाया, एक बंद बालकनी बनाई जो ताश और टेबल टेनिस खेलने, ड्रिंक करने, कहानियाँ सुनाने और मौजूदा मुद्दों पर चर्चा करने के लिए बैठने की जगह बन गई; उन्होंने कमरे बनवाए और ढेर सारे पेड़ लगाकर बगीचों को फिर से सजाया। हर गर्मी, सर्दी, मॉनसून और बसंत में, हम एक परिवार की तरह वहाँ छुट्टियाँ मनाने के लिए इकट्ठा होते, कैंप लगाते और रात में टूटी हुई छत से आने वाली बारिश से बचने के लिए खुली छतरियाँ पकड़कर बैठते थे। हमारे दिन लोकल मज़दूरों की लगातार हथौड़े की आवाज़ (जिसे हमने ठोका-ठाकी नाम दिया था) से भरे थे, सब जगह काम चल रहा होता... छत पर, बालकनी में, दीवारों में, कहीं बे खिड़कियाँ लगाई जा रही थीं, तो कहीं फर्श पॉलिश का काम चल रहा था। वहां एक गर्म पानी का पूल भी बनाया गया था, तो कुल मिलाकर ये सब एक लम्बी प्रकिया रही, जब तक कि आखिरकार वह तैयार नहीं हो गया!

हमने एक शानदार सेलिब्रेशन के साथ नए मिलेनियम का स्वागत किया, जिसमें परिवार और दोस्त सब जगह से इकट्ठा हुए थे। हमने 'वॉकिंग द प्लैंक' गेम खेला—आधी रात का एक डेयर, जिसमें आपको पेशाब करने के लिए अभी तक ठोकी न गई लकड़ी की बीम पर चलकर जाना होता था, और रात के खुले आसमान के नीचे प्रकृति के साथ जुड़ना होता था।

टू चिमनीज़ (जैसा कि उस घर का नाम है) में अच्छा समय गुजारने के बावजूद, जब भी मैं और पुनीता वहाँ जाते थे, तो हमें एक 'मौजूदगी' का

एहसास होता था। शुरू में 'वो' शायद यह सोचकर गुस्सा और आक्रामक थी कि कुछ घुसपैठिए उस पवित्र जगह पर आ गए थे, जो कभी मैडम ड्यूरेल की थी। लेकिन बाद में 'वो' शांत और सहज हो गई, क्योंकि शायद उस आत्मा को एहसास हो गया था कि कोई भी उसे या उसके घर को नुकसान नहीं पहुँचाना चाहता था। पुनीता को लगा कि उस बूढ़ी औरत को तसल्ली की ज़रूरत थी और उसने सुझाव दिया कि मैडम ड्यूरेल की याद में एक पट्टिका घर में किसी खास जगह पर लगाई जाए।

कैलाश और उनकी काबिल पत्नी, मंजू ने बुकिंग और एस्टेट की देखरेख का काम संभाल लिया था। वे, दूसरे स्टाफ मेंबर्स के साथ, आत्मा की मौजूदगी को स्वीकारने लगे थे और उसके कभी-कभार दिखने से चौंकते नहीं थे। मैडम ड्यूरेल ज़्यादातर अकेली रहती थीं, कभी-कभी प्रॉपर्टी के आस-पास घूमती रहती थीं, और पुराने बकरी के बाड़े में झाँकती थीं, जिसे एक आरामदायक कमरों के सुइट में बदल दिया गया था, जिसमें एक बे विंडो थी जिससे बगीचे का नज़ारा दिखता था। शायद उन्हें ऑलिव और ओक कमरे सबसे ज़्यादा पसंद थे, जो एक-दूसरे के ऊपर थे। एक रात, एक मेहमान ओक कमरे में बंक बेड पर जागा और उसने एक बूढ़ी औरत को रोशनदान से अंदर झाँकते हुए देखा। डर के मारे वह चीखता हुआ कमरे से बाहर भागा, और घर के स्टाफ़ के इस भरोसे के बाद भी कि वह भूत कोई नुकसान नहीं पहुँचाएगा, वह वापस अंदर जाने को तैयार नहीं हुआ।

टू चिमनीज़ में एक बार जब मैं लंबी ड्राइव के बाद सोने के लिए लेटा, तो मैं टॉयलेट जाने के लिए उठा, और मैंने देखा कि एक महिला ढीली सफ़ेद कमीज़ पहने कमरे के कोने से हमें देख रही थी। उसके बाल चांदी जैसे सफ़ेद थे। मैंने जिन दूसरी आत्माओं को देखा था, उनके मुकाबले वह शांत लग रही थी। उसे देखकर ऐसा नहीं लगा कि उसे देखे जाने से कोई फ़र्क पड़ रहा हो और उसे गायब होने की भी कोई जल्दी नहीं थी। वह थोड़ी देर वहीं रही, हवा

में तैरती सी। वह मुझे, पुनीता और गुंजन (गीतन की बहन) को देखती रही, और फिर धीरे-धीरे गायब हो गई।

मैं डरा नहीं था; मुझे वैसा ही आराम महसूस हुआ जैसा किसी दोस्त से मिलने पर होता है। मैं सोच रहा था कि क्या मशहूर मैडम ड्यूरेल अपने मेहमानों से वैसे ही मिलना-जुलना चाहती थीं जैसे वह ज़िंदा रहते हुए करती थीं। गुंजन ने भी उसे तब देखा जब वह टॉयलेट जाने के लिए उठी, और एक बार फिर वह भूत थोड़ी देर रुका और फिर गायब हो गया।

इतने सालों में, उसे अक्सर छत पर, रोशनदान से झाँकते हुए, या बस गलियारों और कमरों में घूमते हुए देखा गया है, शायद वह अपने घर की मरम्मत, उसे सागौन और ओक के फर्नीचर, किताबों की अलमारियों और फोर पोस्टर बेड से सजा हुआ देखकर खुश थीं। चहलकदमी, कप-तश्तरियों में चाय डाले जाने की आवाज़, और लॉन में क्रिकेट की हलचल से उन्हें तसल्ली थी और ऑलिव रूम के बाहर तालाब में तैरती सुनहरी मछलियां उन्हें सुकून देने लगी थीं।

पहाड़ों में कुछ ऐसा होता है कि वे आत्माओं का घर बन जाते हैं, चाहे वे किसी भी जगह पर हों। 2022 में, शम्स और मैं स्विट्जरलैंड में 'इंडिया इन द आल्प्स' नाम का एक नया मल्टी-आर्ट्स फेस्टिवल शुरू करने की संभावना तलाशने के लिए बर्न गए थे। शम्स एक फेस्टिवल प्रोड्यूसर हैं और टीमवर्क में मेरे साथ काम करते हैं। स्विट्जरलैंड में भारतीय राजदूत संजय भट्टाचार्य पहले मिस्र में राजदूत थे, जहाँ उन्होंने और उनकी पत्नी रानू, जो पेशे से एक भारतीय क्लासिकल डांसर हैं, ने खुद देखा था कि रचनात्मकता और इनोवेशन का इस्तेमाल स्मार्ट पावर के तौर पर सरकारों, बिज़नेस, स्थानीय लोगों, प्रभावशाली लोगों और कला समुदाय के साथ संबंध बनाने के लिए कैसे किया जा सकता

है। इंडिया ऑन द नाइल मिस्र में एक लंबे समय से चलने वाला फेस्टिवल था, जिसे एम्बेसडर नवदीप सूरी और हमने मिलकर शुरू किया था, जो देश का सबसे बड़ा और सबसे रोमांचक इंटरनेशनल फेस्टिवल बन गया, जिसके एडिशन काहिरा, एलेक्जेंड्रिया, पोर्ट सईद, शर्म अल शेख और हर्गडा जैसे शहरों में हुए। वहीं, स्विट्ज़रलैंड में होने वाला फेस्टिवल एक नया वेंचर होगा जिसमें ओपन-एयर परफॉर्मेंस, गाला डिनर, बातचीत, कॉन्सर्ट, एग्जीबिशन और ज्यूरिख, बर्न और जिनेवा में क्राफ्ट का डिस्प्ले होगा।

बर्न में भारतीय राजदूत का घर ब्रुनाडर्न में है, जो शहर के बाहरी इलाके में एक स्टाइलिश हिस्सा है। स्विट्ज़रलैंड की राजधानी में सुंदर पक्की सड़कें हैं, जिन पर स्टील और पत्थर के पुल आरे नदी पर बने हैं। यह स्विट्ज़रलैंड की सबसे लंबी नदी है, जो ओबेरार ग्लेशियर से निकलती है और ब्रिएन्ज़ झील-शहर से होते हुए थून के किले के पास से गुज़रती है, और फिर राजधानी शहर के चारों ओर घूमती है।

बर्न अपने हेरिटेज टावर, ज़िट्ग्लॉग के लिए मशहूर है, जो 1191 में बना था, और एस्ट्रोनॉमिकल क्लॉक के लिए भी, जिसे तीन सदियों बाद, 1530 में जोड़ा गया था। उन्नीसवीं सदी तक, इस इलाके में हर कोई अपनी घड़ियाँ इसी घड़ी के हिसाब से सेट करता था। हर घंटे, यह 500 साल पुरानी मास्टरपीस अपनी कई शानदार मूर्तियों के साथ ज़िंदा हो उठती है, जो शहर में आने वाले विज़िटर्स के लिए इसे एक खास आकर्षण बनाती हैं।

गर्मियों की एक गर्म रात में, हम एम्बेसडर के घर के गेस्ट एनेक्स में गए। दो मंज़िला कॉटेज, जो मुख्य घर से अलग था, उसमें अपने कमरे थे और वह पीछे जंगल की तरफ खुलता था जो नदी तक फैला हुआ था। यह हेरिटेज प्रॉपर्टी 1949 में भारत सरकार ने खरीदी थी और समय के साथ इसका रेनोवेशन किया गया था। ज़्यादातर स्विस घरों की तरह, इसमें पंखे या कोई और कूलिंग सिस्टम नहीं था। दिन भले ही गर्म होते थे, शामें ज़्यादातर ठंडी और सुहानी होती थीं,

सिवाय जून की उस खास रात के जो बहुत ज़्यादा गर्म थी। मैंने बेडरूम की सभी खिड़कियाँ और दरवाज़े खोल दिए थे ताकि पहाड़ी हवा अंदर आ सके और जगह ठंडी हो सके।

पूर्णिमा की रात थी और कमरे में रोशनी फैली हुई थी। मैंने थोड़ी देर सोचा कि खिड़कियाँ बंद कर दूँ, कहीं कोई जंगली जानवर अंदर न आ जाए, और पर्दे खींचकर रोशनी कम कर दूँ, लेकिन फिर मैं अपना आई मास्क पहनकर, दूर से आती उल्लू और कभी-कभार आती लोमड़ियों की आवाज़ के साथ सो गया।

मैं एक सपना देख रहा था, जिसमें ज़्यादातर चाइनीज़ खाना था, तभी मैं अचानक जाग गया, मुझे लगा कि कमरे में कोई था। एक फुर्तीला आदमी, जिसकी दाढ़ी सफ़ेद और भूरे रंग की थी और अच्छे से कंघी की हुई थी। उसने खाकी रंग की पैंट और ट्विल जैकेट पहनी थी, उसने अपनी पंख वाली स्विस टोपी उतारी, आगे झुका और हल्के से 'हैलो' कहा। डर के मारे मैं बिस्तर से कूद गया, और बेडरूम के दूसरे कोने की तरफ भागा और लाइट जला दी। डर से हांफते हुए, मैं उस घुसपैठिए का सामना करने के लिए मुड़ा, लेकिन देखा कि वह गायब हो गया था।

मैं कॉरिडोर में यह देखने गया कि मेरा कलीग शम्स जगा हुआ था या नहीं—और यह भी चैक करने कि वह आदमी कहीं दूसरे कमरों में तो नहीं गया था। शम्स का दरवाज़ा बंद था और ऐसा लग रहा था कि वह गहरी नींद में सो रहा था। मैं एक कमरे से दूसरे कमरे में गया, लाइटें जलाईं और अलमारियों के अंदर, दरवाजों के पीछे और बिस्तरों के नीचे देखा, और फिर बहुत डर के साथ अपने कमरे में लौटने से पहले कॉटेज की हर खिड़की बंद कर दी। कमरे और उसकी कई कोठरियों और अलमारियों को फिर से चेक करने के बाद, मैंने एक लाइट चालू रखने का फैसला किया, अपनी आँखों पर मास्क लगाया और रोशनी को अंदर आने से रोकने के लिए अपने सिर पर एक तकिया रखकर, वापस सोने की कोशिश की, लेकिन ज़्यादा कामयाबी नहीं मिली।

सुबह मैंने रानू से पूछा कि क्या उसने कभी आउटहाउस में कोई भूत या आत्मा देखी थी, या क्या आस-पास कोई अल्पाइन आत्माएं थीं, जिससे उसने मना कर दिया; उसे बहुत चिंता थी कि उसकी हाउस हेल्प को इस घटना के बारे में पता चल जाएगा और जब वे शहर से बाहर जाएंगे तो उसे अकेले रहने में डर लगेगा।

स्विस लोककथाओं में, आल्प्स में बर्गगेइस्ट या अल्पाइन आत्मा, एल्पगेइस्ट जैसी पहाड़ी आत्माओं का निवास माना जाता है, और वाइल्ड हंट के बारे में कई कहानियां हैं, जो स्विट्जरलैंड के जंगलों और पहाड़ों से गुजरने वाले भूतिया शिकारियों का जुलूस है।

पहाड़ ज़्यादातर दूर और अलग-थलग होते हैं, रहस्य और जादू से ढके होते हैं, और तिब्बत में कैलाश पर्वत जैसे कई पहाड़ पवित्र माने जाते हैं। हिमालय में पहाड़ी कबीलों के खास इलाकों, कस्बों और मंदिरों से जुड़ी अनगिनत कहानियां और मिथक हैं, और वहां के देवता अक्सर ठीक करने या खत्म करने की शक्तियों का दावा करते हैं।

पहाड़ों पर अपनी यात्राओं में, हमने कुमाऊं और गढ़वाल की मध्य-हिमालय पर्वतमाला, हिमाचल में कांगड़ा और सांगला घाटियां, और ऊंचे हिमालय देखे हैं, जहां से शानदार नज़ारे और खूबसूरत गांव दिखते हैं, जहां सर्दियों में तापमान माइनस 35 डिग्री सेल्सियस तक गिर जाता है। इस खास मौके पर, हम लेह-लद्दाख के सबसे ऊंचे दर्रे, खारदुंग ला और पैंगोंग झील तक गए थे, जहां रूई जैसे बादल, चमकता नीला पानी, रेगिस्तान के साफ नज़ारे और नीला आसमान दिखाई पड़ता है।

2008 में पैंगोंग की यात्रा बहुत शानदार थी, जब हम 17,688 फीट की ऊंचाई पर पहाड़ी दर्रे पर चढ़ रहे थे, तो टीमवर्क के हमारे साथी, अंकुर और

गिल्स चुयेन ने पोर्टेबल सिलेंडरों से ज़्यादातर ऑक्सीजन इस्तेमाल कर ली थी। शानदार नज़ारे का पूरा मज़ा लेने के बाद, जहाँ भूरे रंग की शानदार चोटियाँ झील के मोर जैसे नीले रंग के सामने बहुत खूबसूरत लग रही थीं, हम वापस चल पड़े, इस बात का ध्यान रखते हुए कि हमें काफी देर हो गई थी और रात जल्दी होने वाली थी। गिल्स काफी बीमार लग रहा था और उसे लेह वापस ले जाने की ज़रूरत थी, जो कम ऊंचाई पर था। हम अभी-अभी खारदुंग ला पार ही कर रहे थे कि ड्राइवर ने गाड़ी की स्पीड बढ़ा दी और तेज़ी से आगे बढ़ा, क्योंकि उसने देखा कि एक हिमस्खलन ढलानों से नीचे हमारी तरफ आ रहा था। कुछ सेकंड बाद, चट्टान और बर्फ़ गिरी और हमारे पीछे सड़क को पूरी तरह से खत्म कर दिया। भगवान का शुक्रिया अदा करते हुए, हम आगे बढ़ते रहे, तभी एक और लैंडस्लाइड ने हमें रोक दिया जिसने आगे सड़क को ब्लॉक कर दिया था। किस्मत से, हम आर्मी के काफ़िले के पीछे फँस गए थे, और जवान तुरंत एक्शन में आए और गिल्स को बचाया, साथ ही अंकुर और श्युली को भी बचाया, जिनकी तबियत भी ठीक नहीं लग रही थी। वे तीनों ही हाई एल्टीट्यूड सिकनेस से परेशान थे और उन्हें आर्मी बेस कैंप ले जाया गया और ऑक्सीजन और दवा दी गई।

जब हम कंपनी के ऑफ-साइट काम के लिए लेह पहुंचे, तो हमें एक-दो दिन पूरी तरह बेड रेस्ट और याक बटर से बनी चाय पीने की सलाह दी गई थी। वो चाय पीने में अच्छी नहीं थी, लेकिन ऊंचाई की बीमारी में मदद करने वाली थी। एडवेंचर का कीड़ा होने की वजह से, हमने रेस्ट नहीं किया और तुरंत ही एक मठ में चले गए। फिर स्तूप पर चढ़े, लोकल मार्केट में घूमे और नतीजतन, हमें सबसे भयानक सिरदर्द हो गया। यह इतना बुरा था कि मेरा मन कर रहा था कि अपना सिर काट दूं या अगली फ्लाइट से वापस आ जाऊं। मैंने पुनीता को फोन किया और उसे अपनी फ्लाइट कैंसिल करने के लिए कहा क्योंकि मुझे यकीन था कि वह ज्यादा ऊंचाई का सामना नहीं कर पाएगी।

जब हमारे साथियों को बचाने का ड्रामा खत्म हो गया और आर्मी का काफिला बेस कैंप के लिए निकल गया, तो हम बाकी लोग बस में आराम से बैठ गए, और एक लंबी रात के लिए तैयार हो गए। जब तक कि सड़क साफ नहीं हो जाती और हम लेह वापस नहीं जा सकते।

पूरे चाँद की रोशनी सफ़ेद ज़मीन पर पड़ रही थी। तारों से भरा आसमान, जो मिल्की वे बना रहा था, और आस-पास एक भी पेड़ नज़र नहीं आ रहा था, मुझे यकीन हो गया कि यह कोई एक्सीडेंट नहीं था और हम वहाँ किसी बड़ी वजह से फँसे थे—शायद पौराणिक यति से मिलना, वह 'घिनौना स्नोमैन' जिसके बारे में माना जाता है कि वह ऊँचे हिमालय में रहता है; या उस मुश्किल से मिलने वाले स्नो लेपर्ड से, जिसके घर में हम थे।

लद्दाख अपने भूतों और आत्माओं के लिए जाना जाता है, लाल चमड़ी वाले ल्हांडे से लेकर (जो रात में गांवों में घूमते हैं और बीमारी फैलाते हैं), त्सान या भूत तक, जो घात लगाकर बैठे रहते हैं और अनजान यात्रियों को डराते हैं। ज़्यादातर लद्दाखी घरों में इन आत्माओं को दूर रखने और अपने परिवार और जानवरों को सुरक्षित रखने के लिए दरवाज़े पर गेरू रंग का पत्थर रखा जाता है।

किसी पौराणिक या रहस्यमयी जीव को देखने की उम्मीद में, मैं पहाड़ पर चढ़ गया, जिससे देबराज मोहंती बहुत डर गए, जो ज़ोर दे रहे थे कि हम बस के अंदर सुरक्षित रहें। रात के आसमान में उल्कापिंडों की बारिश से रोशनी फैल गई, जब टूटते तारे धरती के एटमॉस्फियर में घुसते ही इंद्रधनुषी रोशनी की एक लकीर बना रहे थे। जैसे ही मैं धीरे-धीरे बर्फ़ में ऊपर चढ़ रहा था, मुझे थोड़ी दूर पर बस पीली रोशनी के एक छोटे से कण के रूप में दिखाई दे रही थी। पहाड़ी की चोटी पर पहुँचने के बाद, ऊपर तारे और चारों ओर लगातार फैलते सफ़ेद नज़ारे के अलावा कुछ भी नज़र नहीं आ रहा था, मैंने रुकने और यूनिवर्स की विशालता को देखने का फ़ैसला किया। दुख की बात है कि वहाँ

कोई यति या स्नो लेपर्ड, भूत या लहंडे नहीं दिखे, लेकिन जो चीज़ मेरे साथ रही, वह थी यूनिवर्स का विस्तार और हमारे चारों ओर मौजूद ढेर सारे तारे, सच में देखने लायक एक शानदार नज़ारा और एक ऐसी तस्वीर जो हमेशा के लिए मेरे दिमाग में बस गई।

10

परछाइयां

नीमराना, रामगढ़, रानीखेत

दरवाज़ा चरमराकर खुल गया और बेसमेंट की ओर जाने वाली सीढ़ियों से रोशनी की एक किरण अंदर आई। हमारी कल्पनाओं में चमड़ी उधड़ी हुई लाशें हुक से लटकी थीं, जिन्हें नमक लगाकर कई दिनों तक सूखने के लिए छोड़ दिया गया था। पुरानी घिसी हुई लकड़ी की सीढ़ियां चरमराईं, जैसे सिर से पैर तक बालों से ढकी कोई परछाई, बाहर निकली... वह परछाई किसी आदमी से ज़्यादा भालू की लग रही थी! यह नज़ारा हमारी हड्डियों में सिहरन पैदा करने के लिए काफी था, और हमने सुबह के इंतज़ार में पूरी रात बैठकर बिताई।

दिल्ली में रहने का एक फ़ायदा यह था कि यह उत्तर में पहाड़ों और पश्चिम में राजस्थान से कुछ घंटों की ड्राइव पर है, जिससे मौका मिलते ही हम घूमने निकल लेते थे। मुझे बच्चों को साथ लेकर ड्राइव पर निकलना पसंद था और मेरी कार की डिक्की में अक्सर इतना खाना भरा रहता कि एक फ़ौज का पेट भर जाए। साथ में स्पैम और सार्डिन के ज़रूरी टिन, अलग-अलग तरह के

चीज़ और क्योर किया हुआ मीट, नमकीन और चॉकलेट, और मैगी नूडल्स के पैकेट होते थे। वैसे तो ये चीजें किसी इमरजेंसी के नाम से रखी जातीं, लेकिन हमेशा ही इसका स्टॉक हमारे 'एवर-हंगरी' बच्चों की भेंट चढ़ जाता।

सालों तक, रॉय और तेजपाल परिवार ने अधिकतर छुट्टियां साथ ही मनाई थीं। हम बच्चों की गर्मियों, वसंत, सर्दियों और पतझड़ की छुट्टियों का हिसाब लगाते, ताकि गोआ के जादू, हिमालय की सुंदरता या राजस्थान की शान और रोमांस का मज़ा लेने के लिए अपनी अगली छुट्टी प्लान कर सकें। टिया, आदित्य, कारा और अविक लगभग एक ही उम्र के थे और वसंत वैली स्कूल में पढ़ते थे, जिसे रेखा और अरुण पुरी ने शुरू किया था, और जिसे चलाने का ज़िम्मा नए ज़माने के एजुकेशनिस्ट अरुण कपूर ने लिया था। अपने आज़ाद ख्यालों की वजह से हमने ज़्यादा ट्रेडिशनल सेंट कोलंबस, मॉडर्न या दिल्ली पब्लिक स्कूल के बजाय वसंत वैली को चुना, जिसमें कुछ हद तक गलती से उनकी देखरेख में भेजे गए एलीट बच्चे पढ़ते थे।

अपने बिज़ी शेड्यूल के चलते, हम अक्सर स्कूल के एनुअल या स्पोर्ट्स डे में सबसे आखिर में पहुंचते और स्कूल की टेरेस से नीचे थीम ड्रेसेस में सजे बच्चों को देख, कुछ सुकून महसूस करते। तरुण और गीतन तुरंत ही पुनीता और मेरे दोस्त बन गए। हम सब सफदरजंग एन्क्लेव में रहते थे और मॉम्स अक्सर बर्थडे पार्टीज और अपने वर्क कमिटमेंट्स के बीच बच्चों को प्लेडेट्स पर लाते, ले जाते समय मिलती थीं। तरुण ने चंडीगढ़ में *द इंडियन एक्सप्रेस* में कुछ समय बिताने के बाद अभी-अभी *इंडिया टुडे* जॉइन किया था। तरुण और गीतन की मुलाकात चंडीगढ़ के कॉलेज में ही हुई थी और फिर वे साथ में काम करने लगे।

हम युवा पेरेंट्स थे और हमारे बीच बहुत सी बातें कॉमन थीं। हम समाज की कई समस्याओं से निपटने के लिए उत्साहित थे। हमारी साथ में कई एडवेंचर भरी आउटिंग और ढेरों कहानियां थीं, जिन्हें हम अपने दोस्तों को सुनाते थे,

मसलन: वोडका में डूबी लंबी शामें, लास्ट मिनट में सबसे पास के रेस्टोरेंट में भागना, या आईटीसी मौर्या के रूफटॉप रेस्टोरेंट बाली हाई में रातभर डांस करना, या 32nd माइलस्टोन पर फायरबॉल में जाना।

जब तरुण और गीतन सफदरजंग से सोमी नगर के नए घर में शिफ्ट हो गए, तो वह अगले दस साल या उससे ज़्यादा समय तक हमारी पार्टी का सेंटर बन गया। उनका घर और दिल अपने दोस्तों और परिवार के लिए हमेशा खुला था, और उनके घर के मक्खन लगे परांठे, आलू-भिंडी, मटन, मछली और चिकन टिक्का कबाब आज भी हम सबकी जुबान पर हैं।

तरुण का जन्मदिन 15 मार्च, मेरे जन्मदिन से एक दिन पहले आता है। साल 2005 में कुछ ऐसा संयोग बना कि होली और हमारे जन्मदिन एक के बाद एक आ रहे थे, और वो सेलिब्रेशन तो खासतौर पर ज़बरदस्त रहा। होली का मतलब था कि जो कोई भी घर आने की हिम्मत करता, उस पर पहले अंडों से हमला किया जाता, फिर उसे मिट्टी के गड्ढे में लुढ़काकर रंग से सराबोर कर दिया जाता, और फिर बच्चे अपनी पिचकारियों से उन्हें भिगो देते। होली के अगले दिन भी हमारी मस्ती जारी रही और एक कॉम्पिटिशन रखा गया कि कौन छत पर आटा फेंककर उसे चिपका सकता है। कई कोशिशों के बाद, कई कच्ची रोटियां छत पर चिपक गईं। (उस गर्मी में, जब तापमान 42 डिग्री सेल्सियस तक पहुंच गया था, तो अब पकी हुई चपातियां नीचे मेहमानों पर गिर रही थीं।) इस पागलपन भरे जश्न की आखिरी रात, जीना (एनी मैथ्यूज) ने रम की कम से कम एक पूरी बोतल पीने के बाद सफाई में मदद करने का फैसला किया। उसने खाली गिलासों से भरी एक ट्रे उठाई और ठोकर खाकर गिर गई। यकीनन ट्रे उसके हाथ से छूट गई थी और पूरे फर्श पर वाइन और व्हिस्की के गिलास टूटे पड़े थे। ये सीन बिल्कुल पीटर सेलर्स की फिल्म जैसा था।

1993 की छुट्टियों में हम दिल्ली से 110 किमी. दूर नीमराना किले में गए। पृथ्वीराज चौहान III ने एक लोकल सरदार, निमोला मेवा से यह किला

जीतकर, वहां अपनी राजधानी बनाई थी। 1947 में, वहां राज करने वाला परिवार इस प्रॉपर्टी की मेंटेनेंस नहीं कर पा रहा था, इसलिए नीचे गांव में एक छोटी जगह पर चला गया। 1980 के दशक के बीच में, हेरिटेज और कल्चर में दिलचस्पी लेने वाले अमन नाथ, लेखा पोद्दार और ओ.पी. जैन ने चौहान के वंशजों से ये महल खरीदा और उसके रेनोवेशन का काम शुरू किया। जब पेशे से बैंकर फ्रांसिस वैक्ज़ियार्ग, अमन के साथ इस रेनोवेशन में शामिल हुए, तो उन्होंने मशहूर नीमराना फोर्ट होटल्स एंड रिसॉर्ट्स की नींव रखी, जिसने जल्द ही इस श्रृंखला में सत्ताईस से ज़्यादा प्रॉपर्टी जोड़ लीं।

दिल्ली से राजस्थान बॉर्डर तक दो घंटे की ड्राइव के आखिर में, आप हाईवे से मुड़े और गांव की पतली, घुमावदार गलियों से गुज़रे, उखड़े हुए पत्थर के स्लैब के बीच से गुज़रे, और किले के एंट्रेंस तक जाने वाली एक खड़ी चढ़ाई पर कार को तेज़ करते हुए फर्स्ट गियर में बदला। वहां पहुंचते ही, मानो आप अतीत में पहुंच जाते हैं।

चांदनी और सूर्य महल से थोड़ा आगे मेन रिसेप्शन था, जहां एक एंटीक डेस्क और नई गद्देदार कुर्सियां थीं। किला पहाड़ी पर कई लेवल पर बना था, और पहाड़ी पर कीकर के पेड़ और झाड़ियां थीं। रात में, जब आप इसके आंगन में बैठकर अंधेरे में देखें, तो मीलों तक कोई रोशनी नहीं दिखती। सर्दियों की शुरुआती ठंड ने एक हल्की शॉल लेने पर मजबूर कर दिया था, जबकि नीचे सरसों के खेतों पर धीरे-धीरे पाला जम रहा था।

बच्चों को सुलाने के बाद, तरुण, गीतन, पुनीता और मैं मालाबार सुइट में इकट्ठा हुए, जो एक बड़ा कमरा था, जिसे राजस्थानी ब्लॉक प्रिंट के पर्दों, गर्म कालीनों, लैंप, एंटीक फर्नीचर और फोर-पोस्टर बेड से सजाया गया था। ये बेड एक आदमी के सोने के लिए काफी बड़े थे। सुइट के एंट्रेंस पर ही बाथरूम था, जो एक हल्की रोशनी वाले कॉरिडोर से जुड़ा था। आधी रात हो चुकी थी, और होटल का स्टाफ बहुत पहले सो चुका था। हमारे दोस्त और

TAG के पुराने साउंड इंजीनियर बापू, उनकी पत्नी अजीता और टीमवर्क के को-फाउंडर मोहित, जो हमारे साथ ट्रिप पर आए थे, सब सोने चले गए थे। हम चारों वोडका पीते हुए, भूत-प्रेतों और दूसरी दुनिया के जीवों के साथ हुए अपने अनुभव साझा कर रहे थे। हमारी पीठ सुइट के एंट्रेंस की तरफ थी, तभी हमें दस्तक सुनाई दी और फिर दरवाज़ा चरमराकर खुला। हमने जो भी था, उसे अंदर आने के लिए आवाज़ लगाई, लेकिन वहां सन्नाटा था। तरुण दरवाज़ा बंद करने के लिए उठा, उसे लगा कि हवा ने दरवाज़ा खोल दिया था, लेकिन उसे एहसास हुआ कि भारी एंटीक दरवाज़े बाहर की तरफ खुलते थे और हवा उन्हें नहीं खोल सकती थी। ठंडी रात में बाहर झांकने पर, उसे आंगन, गलियारे या बाथरूम के रास्ते में कोई नहीं दिखा। धीरे-धीरे उसे एहसास हुआ कि वहां शायद कोई आत्मा थी। इस ख्याल से गीतन और पुनीता पूरी तरह डर गए, और उन्होंने टॉयलेट जाने से भी मना कर दिया, जब तक कि हममें से कोई एक गलियारे के एंट्रेंस पर पहरा न दे। हमारा अपना सुइट कुछ दूरी पर था और हमने वापसी में साथ चलकर आने का फैसला किया।

कुछ हफ़्ते बाद, हम अमन और फ्रांसिस से मिले और पूछा कि क्या किला हॉन्टेड था, और क्या पहले कभी किसी को कुछ दिखा था। उन्होंने साफ़ मना कर दिया कि उन्हें पहले कभी ऐसा कुछ नहीं दिखा था।

अगली छुट्टियों में हमने रानीखेत जाने के लिए रोड ट्रिप लिया; हम एक रात तल्ला रामगढ़ में रुककर, फिर बिनसर नेशनल पार्क जाने वाले थे, फिर वहां से रानीखेत और फिर वापस दिल्ली। तल्ला रामगढ़ में हम किरण और बीडी के घर रुके। शाम होते ही, आग जलाई गई और रम की बोतलें खोली गईं। बीडी ने हमें अपने पुश्तैनी महलों और उनमें रहने वाले भूतों की दिलचस्प कहानियां सुनाईं। दोनों पति-पत्नी नैनीताल और कुमाऊं के शाही परिवारों से

थे, जिनके अपने कई महल थे। शाम गहराने पर, रम की और बोतलें मंगवाई गईं। बीडी ने बताया कि जिस कॉटेज में हमें रुकने वाले थे, वहां हिमालयन भालू के आकार के भूत का वास था: स्याह काला और विशाल। वह प्रॉपर्टी में इधर-उधर भटकता था और अनजान मेहमानों पर झपटकर, उनकी गर्दन मरोड़ देता था। यकीनन मेहमानों के स्वागत का ये सही तरीका तो नहीं था, वो भी वो मेहमान जो किसी अनजान जगह पर रात बिताने वाले थे!

उसने हमारा सामान गेस्ट हाउस से मेन बिल्डिंग में रखने की पेशकश की। हम मान बैठे थे कि उनका इरादा रात में हमें मारकर, हमारी खाल उधेड़कर, अच्छी तरह से भून डालने का था! हमने हिलने से मना कर दिया, बच्चों को लिया और गेस्ट हाउस वापस चले गए, तो देखा वहां हर जगह पानी भरा था। हमें फर्श पर डालने के लिए ईंटें ढूंढनी पड़ीं ताकि हम बाथरूम जा सकें। गंदगी के बावजूद, हमने तय किया कि हम सब बच्चों के साथ एक ही कमरे में सोएंगे और अगर कोई भूत या पिशाच दिखाई दिया तो हम सब मिलकर उससे निपटेंगे।

अगली सुबह, जैसे ही सूरज की पहली किरण हिमालय की चोटियों पर पड़ी, हम नाश्ते के लिए मेन हाउस की ओर बढ़े। हम वहां रखे फल खाने के लिए बैठे कि फर से ढका हुआ एक भूत दिखाई दिया, जो इंसान से ज़्यादा भालू जैसा दिखाई दे रहा था—असल में यह बीडी था, जो अपने कुत्तों के साथ सोता था और उनके बालों से ढका हुआ था। हमने अपना सामान और बच्चों को लिया, अपने होस्ट को अलविदा कहा और बिनसर वाइल्डलाइफ सैंक्चुअरी के लिए निकल पड़े। रानीखेत जाने से पहले हम एक रात यहीं रुकने वाले थे।

1869 में, अल्मोड़ा ज़िले में रानीखेत हिल स्टेशन को एक मिलिट्री छावनी के तौर पर बनाया गया था, जिससे ब्रिटिश सेना इस इलाके के पहाड़ी राज्यों पर

अपनी पकड़ बना सकी। हिमालय की चोटियों के शानदार नज़ारों की वजह से अक्सर गर्मियों की छुट्टियों में वहां बहुत से टूरिस्ट खिंचे आते हैं।

वेस्टव्यू होटल, जहां अगले कुछ दिन हम रहने वाले थे, 1918 में पुराने ज़माने के पत्थर और लकड़ी से कोलोनियल आर्किटेक्चरल स्टाइल में बना था, और दोपहर की चाय में ताज़े बेक्ड स्कोन्स, क्लॉटेड क्रीम और स्ट्रॉबेरी जैम के साथ अपने कोलोनियल अतीत की याद दिलाता था।

हमने अपना सामान खोला और ढेर सारे फ्रेंच फ्राइज़, कबाब, स्ट्रॉबेरी मिल्कशेक और चिली चिकन ऑर्डर किए। रात में आराम करते हुए हम अपनी कहानियों के साथ तैयार थे। हमारे साथ पुरानी दोस्त सीमा राव और उनकी बेटियां, अदिति और अलीशा भी जुड़ गई थीं। हम उन आत्माओं और भूतों की बातें कर रहे थे, जिनसे हमारा सामना हुआ था। रात गहराने के साथ-साथ, बाहर हवा तेज़ चलने लगी थी और दरवाज़े और खिड़कियां खड़खड़ा रही थीं। हमें एहसास हुआ कि हमारी कहानियां अब हमें ही डरा रही थीं! सीमा और उनकी बेटियों ने अकेले अपने कॉटेज तक वापस जाने से मना कर दिया। तरुण और मैं उन्हें छोड़ने गए, और पक्का किया कि बिस्तर के नीचे या अलमारी में कोई भूत या राक्षस छिपा तो नहीं था। वापस जाते समय, हमने उनकी खिड़की पर एक पत्थर फेंककर, उन्हें डराने का सोचा, लेकिन हम जानते थे कि अगर हमने ऐसा किया, तो सीमा को शायद डर के मारे हार्ट अटैक ही आ जाता।

उधर कॉटेज में, तरुण और गीतन की छोटी बेटी, कारा, अचानक सीधी होकर बैठ गई और चीखने लगी। उसकी आंखें दूर कहीं देख रही थीं और चेहरे पर कोई भाव नहीं था। हम डर गए। उसके पेरेंट्स दौड़कर आए और उसे सीने से लगा लिया। उन्होंने उससे पूछा कि क्या हुआ था, उसने क्या देखा था, क्या उसे दर्द हो रहा था, लेकिन कारा ने कोई जवाब नहीं दिया; उसकी आंखें स्थिर ही रहीं जब तक कि वह धीरे-धीरे शांत होकर, वापस सो नहीं गई।

अगली सुबह, उसे कुछ भी याद नहीं था कि उसे किस बात ने डराया था। हमें नहीं पता कि वह कोई बुरा सपना था या कोई भूत। या उन कहानियों की वजह से वो अचानक डर गई थी।

11

हीलिंग

गुड़गांव

एक पत्ता भी नहीं हिल रहा था; हवा में नमी बहुत ज़्यादा थी। ट्रैफिक लाइट्स जल-बुझ रही थीं, जो देर रात गाड़ी चलाने वाले ड्राइवरों के लिए अलर्ट था कि चौराहे पर गति धीमा कर लें। लेकिन हमारे सामने गुजरती तेज़ रफ़्तार जिप्सी ने न तो साइन पर ध्यान दिया और न ही वो रुकी। उसने तेज़ी से एक स्कूटर को टक्कर मार दी, जो सिग्नल पर धीमा हो गया था। सवार का हेलमेट उड़ गया और वह खुद हवा में उछलकर ऊबड़-खाबड़ सड़क पर जा गिरा। उसके सिर से गाढ़ा लाल खून बह रहा था और उसकी जान निकल रही थी।

पुनीता और मैं लोधी रोड पर ही थे, जब एक्सीडेंट हुआ। जिप्सी हल्का सा रुकी, ड्राइवर ने खिड़की से बाहर झांका, और कुचली हुई लाश देखकर वह ज़रूर घबरा गया होगा। वह रात में तेज़ी से भाग गया। हमने गाड़ी रोकी, पुलिस और इमरजेंसी सर्विस को फ़ोन किया, जो जल्द ही आ गईं। रात में सायरन बज रहे थे, लाइटें चमक रही थीं। वे जब बॉडी को स्ट्रेचर पर ले जा

रहे थे, तब पता चल रहा था कि विक्टिम एक्सीडेंट में बच नहीं पाया था। दूर जाती एम्बुलेंस को देख हमारा मन बेचैनी और दुख से भरा था।

हम यह सोचते हुए चुपचाप घर वापस आ गए कि इस हादसे की खबर मिलने पर विक्टिम के परिवार को कितना सदमा लगेगा। जब हम सोने के लिए बिस्तर पर पहुंचे तो पुनीता ने गुज़री हुई आत्मा की शांति के लिए प्रार्थना की और उसे प्यार, रोशनी और हीलिंग भेजी।

कुछ घंटों बाद, अचानक मेरी आंख खुली और मैंने देखा कि मेरे ऊपर एक लाल रंग का साया था, जो दुख और गुस्से से भरा था। एक्सीडेंट का विक्टिम हमारे साथ वापस आ गया था, वह परेशान था। मैंने उससे माफ़ी मांगी और समझाया कि उसकी मौत से हमारा कोई लेना-देना नहीं था, हम एम्बुलेंस के आने तक उसकी मदद के लिए रुके थे, जबकि उसे टक्कर मारने वाली जिप्सी तेज़ी से भाग गई थी। एक्सीडेंट से हुई मौत में अक्सर विक्टिम की आत्मा कन्फ्यूज रह जाती है। उन्हें यह समझने में समय लगता है कि अब वे अपने शरीर में नहीं हैं और उन्हें समझ नहीं आता कि कैसे रिएक्ट करें और कहां जाएं। हममें से कई लोग मरने पर अनसुलझे मसले छोड़ जाते हैं, खासकर अगर मौत कमउम्र में और अचानक हो। ऐसी आत्माओं को किसी समाधान और हीलिंग की ज़रूरत होती है। उसे शांत होने में थोड़ा समय लगा, जब पुनीता ने उसे हीलिंग एनर्जी भेजी और उसे रोशनी की ओर गाइड किया।

सितंबर 1996 में, पुनीता ने रेकी को अपनाया और सेल्फ-हीलिंग में अपना सफर शुरू किया। यह एक होलिस्टिक थेरेपी है जो इस फिलॉसफी पर आधारित है कि एक यूनिवर्सल लाइफ फोर्स सभी इंसानों में है। एक रेकी प्रैक्टिशनर इस एनर्जी को अपने हाथों से या दूर से हीलिंग के ज़रिए ज़रूरतमंद व्यक्ति तक पहुंचाने की क्षमता डेवलप करता है, और यह पुराने दर्द और इमोशनल चैलेन्ज को हील करके, शरीर की एनर्जी को रीबैलेंस करता है। पुनीता और उनकी कलीग उर्मिला ने कुछ समय तक गुरुदेव के साथ काम किया ताकि वे

हीलिंग प्रैक्टिस सीख सकें, जिन्हें उन्होंने केआरसी में चैनल किया था। साल 2000 में, गुरुदेव ने शरूपा, दिलीप, पुनीता और मुझे भी एक रेकी कोर्स करने के लिए प्रेरित किया, जो हमने ग्रैंडमास्टर आदर्श पुरी के साथ किया। गुरुदेव ने बाद में बताया कि इससे मेरे एंटीना को एडजस्ट करने और यूनिवर्स से मैसेज पाने की मेरी क्षमता को बेहतर बनाने में मदद मिली।

इनमें से कई बदलाव दिल्ली से गुड़गांव में हमारे नए घर में शिफ्ट होने के साथ हुए, जो 1997 में ऐसा लग रहा था कि कभी बनकर तैयार ही नहीं होगा। पा एक बार पुनीता को अपने साथ गुड़गांव ले गए, ताकि वह हरियाणा सरकार द्वारा सेक्टर 15 में फायरबॉल के काफी पास दी गई ज़मीन का एक प्लॉट देख सके। महरौली से दो लेन वाली सड़क पर ड्राइव करके, हम गार्डन एस्टेट तक पहुंचते थे, जहां शानदार विलेज शॉप पर रुककर ऑर्गेनिक सब्जियां, केक, जैम वगैरह खरीद सकते थे। फिर दिल्ली-जयपुर हाईवे से 32nd माइलस्टोन कॉम्प्लेक्स, जहां हमने कई रातें ड्रिंक और डांस करते हुए बिताई थीं।

पुनीता को वह प्लॉट बहुत पसंद आया और उसने हमें वहां एक नया घर बनाने के बारे में सोचने के लिए मनाया। हमारे प्लॉट के सामने एक ग्रीन बेल्ट थी जिसमें एक मिनी गोल्फ कोर्स, टेनिस कोर्ट और गुलाब का बगीचा था। उसे लगा यह जगह बच्चों के खेलने, बाइक चलाने और ताज़ी हवा में सांस लेने के लिए बहुत अच्छी थी। (हालांकि ये तर्क मुझे ओवररेटेड लगे और मुझे लगा कि इससे हमारी बिज़ी सोशल लाइफ, शाम के एंटरटेनमेंट और हमारे दोस्तों तक हमारी आसान पहुंच ख़त्म हो जाएगी।)

मेरे पापा ने अपने कुछ दोस्तों को फ़ोन करके किसी बिल्डर का सुझाव मांगा। जनरल शंकर रॉय चौधरी की रेजिमेंट का एक 'अच्छा आदमी' था, जिसने हाल ही में एक कंस्ट्रक्शन फ़र्म शुरू की थी और वह इस प्रोजेक्ट को करने के लिए तैयार था। अच्छे कर्नल ने आर्किटेक्चरल प्लान बनाए और उसमें

हमारे अलग-अलग सुझाव शामिल किए: वॉक-इन क्लोसेट वाले बड़े मास्टर बेडरूम, एक बड़ा किचन, स्टोरेज एरिया, मेहमानों के लिए एक टॉयलेट, और वास्तु के हिसाब से मां के पूजा रूम की जगह।

प्लान फ़ाइनल करने और बिल्डर को एडवांस देने के बाद, हम सब घर के बारे में भूल गए। लगभग एक साल बाद जब मुझे याद आया कि हमारा एक बिल्डिंग प्रोजेक्ट चल रहा था, तो हमने उसकी प्रोग्रेस देखने का फैसला किया। एक नई मर्सिडीज़ कार के अलावा, अच्छे कर्नल के पास बिल्डिंग के हिसाब से दिखाने के लिए कुछ नहीं था। फ़ाउंडेशन, कुछ पिलर और ग्राउंड-फ़्लोर की छत की केसिंग लग चुकी थी, लेकिन छत अभी बननी बाकी थी। उस जनरल को फ़ोन किया गया, जिसने 'अच्छे आदमी' की सिफारिश की थी। उन्होंने हमारे बिल्डर (कर्नल) से बात की और उन्हें अपना वादा पूरा करने का आदेश दिया गया। 'खाओ, पियो, मज़े करो' वाले कर्नल ने आगे काम बढ़ाने से पहले और पैसे मांगे। इस तरह घर बनाने का काम रुक-रुककर चलता रहा। इसमें ज्यादा गलती हमारी लापरवाही की ही थी कि हम कुछ घंटे कि ड्राइव करके, रेगुलर अपना घर देखने नहीं आ पा रहे थे।

मेरा सारा ध्यान टीमवर्क पर था, जो दिवालिया होने के करीब था क्योंकि हम टेलीविज़न का ज्यादातर काम बंद कर चुके थे। एक सस्टेनेबल परफ़ॉर्मिंग आर्ट्स प्लेटफ़ॉर्म बनाने का हमारा प्लान अभी पूरा होना बाकी था। मोहित, कनिका और वैल का बनाया फ्रेंड्स ऑफ़ म्यूज़िक, नए उभरते म्यूज़िक का एक क्लब था—पूरी तरह पॉप या रॉक या बॉलीवुड नहीं, बल्कि कुछ ज़्यादा देसी म्यूज़िक, जैसे इंडियन ओशन, मृग्या, सिल्क रूट, परिक्रमा और ऑरेंज स्ट्रीट, जो हर महीने कॉन्सर्ट में परफॉर्म करते थे। इन शोज में संगीत प्रेमियों के साथ, एडवरटाइजिंग, एकेडेमिया और बिज़नेस की दुनिया के लोग भी शामिल हो रहे थे। पर अभी भी बहुत कुछ करना बाकी था, जिससे ये शोज अपना खर्च निकाल सकें।

मैं ब्रिटिश काउंसिल के साथ एक सलाहकार के तौर पर जुड़ा, और उनकी आर्ट्स मैनेजमेंट फैकल्टी का हिस्सा बना। वे लोग मुझे दुनिया के सबसे बड़े सालाना एडिनबर्ग फेस्टिवल में ले गए। यह न सिर्फ़ शानदार और कई मायनों में आंखें खोल देने वाला अनुभव था, बल्कि इसने हमें दुनियाभर के आर्ट्स वेन्यू और प्रेज़ेंटर्स के साथ एक नेटवर्क बनाने का भी मौका दिया। फेस्टिवल में जो कुछ भी देखने को मिला, उसका लेवल शानदार था, लेकिन मैं हैरान था कि वहां इंडिया की तरफ से कोई भी प्रतिनिधि नहीं था। पुनीता और मैंने तय किया कि इस विज़िट का पूरा फ़ायदा उठाएंगे, और ज़्यादा से ज़्यादा शो देखने की कोशिश करेंगे। इसके लिए हमें लगभग पूरा एडिनबर्ग घूमना पड़ा क्योंकि उनके वेन्यू बहुत दूर-दूर थे। उस ट्रिप में हमने पैसे बचाने के लिए खाने-पीने पर भी राशनिंग की। मैंने हम दोनों के हर मील के लिए तीन पाउंड का बजट रखा था और इसमें दिनभर के ड्रिंक्स भी शामिल थे। इसके लिए हमें मार्केट स्ट्रीट पर हॉट पोटैटो शॉप पर लाइन में लगना पड़ता और हम चीज़, क्रीम, बेकन और अचार के साथ पूरी तरह से लोडेड जैकेट पोटैटो शेयर करते। या हम टेस्को, सुपरमार्केट से सैंडविच खरीद लेते थे। एक दिन, राशनिंग से तंग आकर, पुनीता ने अपना पूरा जैकेट आलू, पानी की एक बोतल और बिस्कुट का एक पैकेट मांगा—यह तो बहुत लग्ज़री थी। हुआ यूं कि सर्वर ने सबसे बड़ा आलू निकाला और उस पर सारी टॉपिंग डाल दीं, जिसे खत्म करने में उसे बहुत मुश्किल हुई, जबकि मैं उसे घूर रहा था कि उसने कुछ ज़्यादा ही खर्च कर दिया था।

एडिनबर्ग फेस्टिवल छह आर्ट्स प्लेटफॉर्म का एक ग्रुप है, जिसमें फेस्टिवल फ्रिंज, रॉयल मिलिट्री टैटू, एडिनबर्ग इंटरनेशनल बुक फेस्टिवल, फिल्म फेस्टिवल और आर्ट फेस्टिवल शामिल हैं। इनमें सबसे पुराना एडिनबर्ग इंटरनेशनल फेस्टिवल है, जिसे 1947 में, दूसरे विश्व युद्ध के बाद, एक बेहद गरीब और युद्ध-प्रभावित इलाके में नए रिसोर्स लाने के तरीके के तौर पर शुरू

किया गया था। इंटरनेशनल फेस्टिवल में शहर के मुख्य वेन्यू पर कई प्रेजेंटेशन होते थे, जिनमें थिएटर, वेस्टर्न क्लासिकल म्यूज़िक और ओपेरा प्रोडक्शन शामिल थे। इन प्रेजेंटेशन के लिए सरकार से फंड मिलता था। आठ थिएटर ग्रुप जिन्हें मुख्य फेस्टिवल में नहीं बुलाया गया था, उन्होंने दूसरी छोटी जगहों पर प्रेजेंटेशन दी और उन्हें 'फेस्टिवल एडजंक्ट' या सेमी-ऑफिशियल फेस्टिवल का लेबल दिया गया। एक क्रिटिक ने इन प्रोडक्शंस का रिव्यू किया, उन्हें 'फ्रिंज ऑफ़ द ऑफिशियल फेस्टिवल' बताया, और यही नाम चल गया। 1948 में, एक नाटककार रॉबर्ट केम्प ने कहा था कि असल में 'ऑफिशियल फेस्टिवल के साथ-साथ, पहले से ज़्यादा प्राइवेट काम होने लगे थे'। तब से, फ्रिंज फेस्टिवल ने हर मुमकिन दूसरी जगह का इस्तेमाल किया, जिसमें पुराने चर्च, कम्युनिटी सेंटर, बेसमेंट और सड़क के कोने, टॉयलेट और लिफ्ट भी शामिल हैं। थिएटर फेस्टिवल के साथ ही एडिनबर्ग इंटरनेशनल बुक फेस्टिवल शुरू हुआ, जो सबसे पहले निकोलसन स्ट्रीट पर मशहूर लाइटहाउस बुकशॉप में हुआ था, और इसमें एडिनबर्ग फिल्म फेस्टिवल, जैज़ फेस्टिवल, प्रोफेशनल्स के लिए एक टीवी कॉन्फ्रेंस, और शानदार एडिनबर्ग टैटू भी शामिल हो गए, जिसे एडिनबर्ग कैसल की दीवारों पर पाइप्स एंड ड्रम्स के बैंड के साथ ऑर्गनाइज़ किया गया था।

इंडिया वापस आने पर हमें महसूस हुआ कि असल में गुड़गांव बिल्डिंग प्रोजेक्ट हमारे वहां शिफ्ट हुए बिना पूरा नहीं होने वाला था। हमने अपने सफदरजंग एन्क्लेव वाले तेरह साल पुराने घर को अलविदा कह दिया, जो भूत-प्रेतों, आने-जाने वाली आत्माओं और हमारे कई दोस्तों और साथ काम करने वालों की यादों से भरा था। हमारी छत पर कई यादगार पार्टियां आयोजित की गई थीं, जिनमें उस समय डेट करने वाले शाहरुख और गौरी भी शामिल हुए थे। उन्होंने शादी करने का फैसला किया था और इसके लिए सिविल कोर्ट में परमिशन की अर्जी दी थी। कोर्ट मैरिज के मुख्य गवाह के तौर पर,

मैंने लीगल फॉर्म पर अपने घर का पता दिया था। लोकल विश्व हिंदू परिषद (VHP) के लोग हमारे घर पर होस्ट किए जा रहे प्री-वेडिंग संगीत के शुरू होने से ठीक पहले आ गए, और विरोध में देगची बजाने लगे। उनकी मांग थी कि इंटर-रिलीजियस शादी रोक दी जाए। पा, एक सीनियर फौजी होने के नाते, नीचे गए और उन्हें डांट लगाई, जिसके बाद वो बेमन से पीछे हट गए। दुख की बात है कि यह आने वाले दशकों में नॉर्थ इंडिया की बनती तस्वीर की तरफ एक इशारा था।

सफदरजंग एन्क्लेव हाउस में और भी सेलिब्रेशन हुए—एक्टर ऋतुराज और चारू की शादी, और एक हिस्टोरिक डिनर जो हमने ज़ोहरा सहगल और उज़रा अप्पा के साथ होस्ट किया था, जो बॉर्डर पार की बहनें थीं और पचास साल बाद नाटक *एक थी नानी* के ज़रिए फिर से मिली थीं। कई थीम पार्टियां भी हुईं, जिसमें छत पर रेत के ढेर लगाकर दिल्ली में गोआ जैसा माहौल बनाने की कोशिश भी शामिल थी।

हमने अपने बेडरूम की खिड़की के बाहर वाले पीपल के पेड़ को भी अलविदा कहा, जो कई खोई हुई आत्माओं का निवास था। इसी के साथ हमने पुनीता के ऑफिस एरिया में रहने वाले हेड-लेस योद्धा, हमारे मकान मालिक और पड़ोसी, आईएनए और खान मार्केट की जान, ग्रीन चिक चॉप स्टोर (जिसने हमें बहुत सारे कबाब और दूसरे स्नैक्स दिए थे) को भी अलविदा कहा, और अपने नए घर के लिए निकल पड़े। हम सब ग्राउंड फ़्लोर पर रहने आ गए और वर्कर्स को चलता किया। इसके बाद कुछ और साल और दो और कॉन्ट्रैक्टर लगे, तब जाकर हमारे घर का काम पूरा हुआ। रंगों और टाइलिंग, पत्थर के पैटर्न और अपहोल्स्ट्री की बुनाई पर इरम सुल्तान मुखर्जी की सलाह ली गई। इरम आगे चलकर बेहद लोकप्रिय इंटीरियर डिज़ाइनर बनीं, जिनकी रंगों और रूपों की समझ बहुत अच्छी थी। उन्होंने ज़ाइडस कैडिला ऑफ़िस और डीएलएफ के लिए कई फ़ार्महाउस और प्रोजेक्ट भी डिज़ाइन किए।

नया घर अपनी एनर्जी के साथ आता है। दुर्गा और काली में आस्था रखने वाली मेरी मां ने सफदरजंग एन्क्लेव के मातृ मंदिर के मुख्य पुजारी मुकुल दा से हमारे नये घर में हवन और शुद्धि करवाई। सफदरजंग एन्क्लेव में मातृ मंदिर दुर्गा पूजा और दूसरे खास मौकों पर जाने की हमारी पसंदीदा जगह रहा है। जब हमने पहली बार कंस्ट्रक्शन शुरू किया, तो मुकुल दा ने भूमि पूजन की रस्म की अध्यक्षता की थी, जिसमें उन्होंने धरती मां को चांदी का एक सांप, एक सोने का सिक्का और एक तांबे की प्लेट चढ़ाई थी, और इन्हें प्रॉपर्टी के एक शुभ हिस्से में नींव के पत्थर में गाड़ दिया था। साथ ही, नवग्रहों और मुख्य देवताओं को खुश करने के लिए अनाज और घी, मिठाई और कपड़े दान किए थे, और उनसे हमें और हमारे घर को अच्छी एनर्जी, अच्छी सेहत और अच्छी किस्मत का आशीर्वाद देने की प्रार्थना की थी।

पहली मंज़िल के चारों ओर एक खूबसूरत बालकनी थी, जिससे धूप अंदर आती थी और वहां से हरियाली और हमारे लगाए हुए पीपल और बरगद के पेड़ दिखते थे। आखिरकार हमें अपने आर्टपीस और यादगार चीज़ों के बड़े कलेक्शन के लिए जगह मिल गई थी, जो हमने दुनिया भर में अपनी यात्राओं से जमा किए थे। इनमें शामिल था: वेनिस, फ्लोरेंस और लंदन के नेशनल थिएटर के मास्क; सिंगापुर से लाई गई शुभ चीनी शेर की मूर्तियाँ, जिन्हें नीले स्पोड के साथ रखा गया है; ग्रीक, तुर्की और मिस्र की प्लेटें जो कलकत्ता में मेरी माँ के घर से मिले एक पुराने शीशे के दोनों ओर लगाई गई हैं; एक साधु की मूर्ति जिसे आदित्य क्राबी में हमारी छुट्टियों से वापस ले आया था। हर चीज़ बेहद ध्यान से चुनी गई थी एक लम्बा सफ़र तय करके वहां तक पहुंची थी, जिसकी अपनी एक कहानी थी। फॉर्मल लिविंग एरिया एक फ़ोयर से अलग थे, और बुकशेल्फ़ से सजा एक गलियारा हमारे बेडरूम की ओर खुलता था, जहां से पीछे का बगीचा दिखता था।

हमारे बेडरूम में लकड़ी की फ़्लोरिंग, बैंगनी और सफ़ेद रंग की दीवार और किंग साइज़ का लोहे का बेड था, जिसके दोनों तरफ़ साइड टेबल थीं

जिन पर होम्योपैथी की दवाएं रखी थीं। साइड टेबल पर दो शानदार तस्वीरें भी थीं, जिनमें डोम ऑफ़ द रॉक और वेलिंग वॉल शामिल थीं। मोहित ने ये तस्वीरें येरुशलम से लेकर, हमें हमारी शादी के तोहफ़े में दी थीं। हमारा बेड इतना बड़ा था कि ज़रूरत पड़ने पर हम चारों और घर के पेट्स भी आ सकते थे। अक्सर किसी आवाज़ या कमरे में किसी की मौजूदगी से डरकर आदित्य और अविक रात में हमारे बिस्तर में घुस आते थे। आदित्य अक्सर एक खास परफ्यूम वाली औरत की बात करता था जो उनके बेड के पैरों के पास आकर बैठ जाती थी, जिससे वे डर जाते थे। वह पुनीता के पास आकर बैठ जाता, जबकि अविक मुझे कुहनी मार-मारकर सरका देता और फिर अंदर घुस आता। इसके बाद शुरू होती रजाई की लड़ाई, और दोनों तरफ़ से एक-दूसरे से रजाई खींच ली जाती थी।

एक रात, डिनर और बढ़िया रेड वाइन पीने के बाद, पुनीता और मैं सोने चले गए। हमारा मूड काफी अच्छा था, और मुझे उम्मीद थी कि हम एक अच्छी लंबी नींद लेंगे। लेकिन अविक ने हमें जगाया। वो मुझे हिलाने की कोशिश कर रहा था ताकि वह हमारे बिस्तर पर चढ़ सके। रजाई के लिए हुई लड़ाई और तकियों से एक-दूसरे को मारने की कुछ कोशिशों के बाद, पुनीता ने चिल्लाकर हमें शांत होने को कहा।

अचानक, अविक ने रुककर, गहरी आवाज़ में कहा, 'पापा, यार, ये क्या है... छत पर वो क्या है?' मैंने ऊपर देखा तो पंखे के पास एक लाल गोले या एक्टोप्लाज़्म जैसी चीज़ मंडरा रही थी। मैं अभी किसी बेचैन भूत से निपटने के मूड में नहीं था, तो मैंने धीरे से कहा कि वो कुछ नहीं था और हमें सो जाना चाहिए। एक सेकंड बाद, अविक बोला, 'पापा, यार, ये क्या है, ये हिल नहीं रहा है... बस वहीं है।' मैंने उससे कहा कि ये शायद किसी गुज़रती हुई एम्बुलेंस की लाल लाइट का रिफ्लेक्शन था (जो नामुमकिन था, क्योंकि हमारा बेडरूम मेन रोड से थोड़ा दूर था)। अविक शांत होने को तैयार ही नहीं

था, और आखिरकार मुझे उठकर लाइट जलानी पड़ी। मैंने पुनीता से कहा कि इसके लिए प्रेयर करके, इसे वहीं वापस जाने के लिए कहो जहां से ये आया था। खुशकिस्मती से, पुनीता ने जो भी किया, उससे मदद मिली, और वो लाल रोशनी वहां से चली गई और हम सब वापस सो पाए।

12

बाल-बाल बचे

न्यू यॉर्क, बाली, बोल्डर

2002 में, मैं यह देखने के लिए अमेरिका गया कि क्या हम अपने फेस्टिवल को नई सरहदों तक ले जा सकते थे। एक प्यारी दोस्त और अवार्ड-विनिंग फिल्म डायरेक्टर, मीरा नायर ने मुझे न्यूयॉर्क में अपने घर कुछ दिन रुकने के लिए आमंत्रित किया था। मीरा ने बताया था कि वह रात 10 बजे तक घर लौट आएंगी और इसकी टाइमिंग मेरी फ्लाइट के हिसाब से सही थी। जेएफके एयरपोर्ट पर होमलैंड सिक्योरिटी के कड़ी चैकिंग को पार करने के बाद, मैंने हॉवर्ड जंक्शन से A-ट्रेन ली। मुझे उम्मीद थी कि मैं अपर वेस्ट साइड पर रिवरसाइड ड्राइव के सबसे पास वाले सब-वे स्टेशन पर उतरूंगा और फिर वहां से पैदल चलूंगा। एयरपोर्ट से शहर तक की कैब पैंसठ डॉलर ले रही थी, और ट्रेन ही वहां पहुंचने का सबसे सस्ता ऑप्शन था।

हम एक आर्ट ऑर्गेनाइजेशन बनने के शुरुआती सफ़र में ही थे, और पैसे और संसाधनों की कमी से जूझ रहे थे। हम समझना चाह रहे थे कि क्या अमेरिका इंडियन परफ़ॉर्मिंग और विजुअल आर्ट की मेजबानी करने के लिए

तैयार था, जो तब उतने फैशनेबल नहीं थे, जितने कि ढाई दशक बाद आज हैं। प्रवासी समुदाय तब तक रोटी, कपड़ा और मकान की अपनी प्राथमिक चिंताओं से ही घिरा था और वो तब तक अपनी पहचान को लेकर सहज नहीं था और अपनी परंपरा व संस्कृति पर गर्व करने वाला आत्मविश्वासी समुदाय नहीं बना था। बड़े शहरों के मेनस्ट्रीम वेन्यू अभी भी 9/11 के प्रभाव से उभर रहे थे और विदेशियों को शक की निगाह से देखते थे। हमने भारत से कला के लिए अंतर्राष्ट्रीय मंच स्थापित करना शुरू ही किया था, श्वेता असनानी 2000 में टीमवर्क की एक शाखा स्थापित करने सिंगापुर चली गईं। सिंगापुर आर्ट्स इन्फ्रास्ट्रक्चर में निवेश करने के लिए तैयार था। जल्दी ही, लक्ष्मी लरोइआ होंग कोंग चली गईं, वे ज़ी टीवी के शुरुआती सालों में प्रोग्रामिंग की कमान संभालने के बाद, अब फिल्मों और आर्ट्स में एक नई शुरुआत को लेकर उत्सुक थीं। फेस्टिवल्स एडिनबर्ग में हमारी हालिया सफलता को देखते हुए, जहां हमने भारत के बेहतरीन कंटेम्परी और क्लासिकल काम के लिए एक प्लेटफॉर्म बनाया था, ऐसा लगा कि यह दुनियाभर में नए मौके तलाशने और पूरब और पश्चिम दोनों तरफ देखने का समय था।

न्यूयॉर्क का सबवे सिस्टम कमज़ोर दिल वालों के लिए नहीं है। गैस वाली सुरंगों में बासी पेशाब की बदबू, खड़खड़ाती ट्रेनों और बजती टाइलों से बीच की जगहों से डरे हुए भूत, नाकामयाबी, मानसिक बीमारी और निराशा की सामूहिक उदासी, जो गोथम जैसी बड़ी थी—ये सब आपको सीधे 9/11 के बाद के न्यूयॉर्क की गंदी, नियॉन लाइट वाली सड़कों पर ले जा सकते हैं!

मैंने अपना लैपटॉप वाला रकसैक और व्हीली उठाया, एक A-ट्रेन में चढ़ा और लोगों को देखने के लिए बैठ गया। न्यूयॉर्क के लोग बहुत दिलचस्प हैं: उस समय का फैशन–ग्रे और काले रंग के ऊपर बैंगनी, हरे और गुलाबी रंग के स्टॉल्स और स्कार्फ; किसी के बाल घुंघराले, किसी का बिना बालों का सिर, और किसी के सिर से निकलते पैने स्पाइक्स मानो स्टील तक को काट सकते

थे; बेघर लोगों के कोट पर पैच लगे थे और उनकी उम्मीदें स्लीपिंग बैग में दबी हुई थीं। आप खुद ब खुद उनकी ज़िंदगी के बारे में सोचने लगते: नशे में चूर युवा; अपने बच्चों के साथ सुरक्षित भविष्य के सपने देखने वाली माएं; घड़ी की टिकटिक के हिसाब से दौड़ते एग्जीक्यूटिव; और फिर वे लोग जिनके पास जाने के लिए कोई जगह ही नहीं थी, उनकी ज़िंदगी आँखों के सामने से गुज़र रही थी जैसे वे गंदगी से भरी सुरंगों से अनजान मंज़िलों की ओर जा रहे थे।

जैसे ही हम 86th स्ट्रीट से तेज़ी से गुज़रे, मुझे एहसास हुआ कि मैं एक एक्सप्रेस ट्रेन में था जिसके A-लाइन पर लिमिटेड स्टॉप थे और यह उस स्टेशन पर नहीं रुकेगी, जहां मुझे रिवरसाइड ड्राइव जाने के लिए उतरना था। मैं 125th स्ट्रीट स्टेशन पर उतरा और प्लेटफ़ॉर्म पार करके वापस आने वाली ऑल-स्टॉप्स ट्रेन में जाने का रास्ता ढूंढते हुए, किसी तरह सबवे एग्ज़िट पर पहुंच गया। रात के 9 बज चुके थे जब मैं सड़क पर निकला; ठंडी हवा में कागज़ के टुकड़े यहां वहां उड़ रहे थे। अपने आस-पास के माहौल को समझने में मुझे थोड़ा समय लगा, फिर एहसास हुआ कि मैं उस जगह के बीच में था जिसे मैं हार्लेम समझ रहा था, जहां दुकानों की खिड़कियां और घर बंद थे, और रोशनी की किरणें फुटपाथ को नो-गो ज़ोन में काट रही थीं। सड़क का नक्शा देखने के बजाय, मैंने अपने मन की बात मानकर सड़क पर चलने का फैसला किया, इस उम्मीद में कि मैं रिवरसाइड ड्राइव की तरफ जा रहा था।

मेरे पीछे तेज़ी से आते कदमों ने मुझे खतरे का अंदाज़ा दिया। मैंने साइड से देखा कि हुडी पहने दो आदमी मेरे कदमों से कदम मिला रहे थे। एक पॉइंट पर, मुझे लगा कि वे मुझ पर हमला करने वाले थे, मैंने मुड़कर उनसे कोलंबिया यूनिवर्सिटी का रास्ता पूछा। मुझे उम्मीद थी कि मेरे सॉल्ट-एंड-पेपर हेयर उनमें हमदर्दी जगाएंगे और वे मुझे लूटेंगे नहीं। वे आदमी चौंककर वहीं रुक गए, एक-दूसरे को देखा और इशारा किया कि मुझे सड़क पर चलते रहना चाहिए। मैं ज़्यादा कुछ नहीं कर सकता था; वे गूगल मैप से पहले के दिन थे और

सड़क पर कोई नहीं था या पनाह लेने के लिए कोई खुली दुकान भी नहीं थी। हवा तेज़ हो गई; फुटपाथ पर रोशनी की एक किरण चमकी, जैसे किसी ने बाहर देखने के लिए अपने पर्दे हटाए और मदद के लिए इशारा करने से पहले जल्दी से उन्हें फिर से खींच लिया। एक धुंधली, धूल भरी दुकान की खिड़की में, मैंने देखा कि उनमें से एक आदमी ने अपनी कमरबंद में हाथ डाला और कुछ निकाला। क्या वह बंदूक थी या चाकू? मुझे पता ही नहीं चला। घबराहट बढ़ने लगी और मैं बिना सोचे-समझे जल्दी करने लगा, अपने कदम ऐसे बढ़ा रहा था कि उन्हें जल्दी करने का कोई कारण न मिले। वे मेरे साथ कदम से कदम मिला रहे थे; जब मैंने अपनी रफ़्तार बढ़ाई, तो उन्होंने भी बढ़ाई; जब मैं अपने बैग का स्ट्रैप ठीक करने के लिए रुका, तो वे रुक गए; जब मैंने अपना रोल-ऑन एक हाथ से दूसरे हाथ में दिया, तो वे एक कदम आगे नहीं बढ़े, लेकिन मुझसे बस कुछ फ़ीट पीछे रहे, उनकी परछाई डरावनी थी।

क्रॉसिंग पर पैदल चलने वालों के लिए लाइट हरी हो गई थी और जैसे ही मैं सड़क पार करने के लिए तेज़ी से आगे बढ़ा, अचानक एक पीली कैब आई और मेरे सामने रुक गई। ड्राइवर ने दरवाज़ा खोला, मुझे अंदर कूदने के लिए चिल्लाया। जैसे ही मैं अंदर गया, उसने एक्सेलरेटर दबाया, सिग्नल तोड़ा और तेज़ी से भाग गया। मैंने पीछे मुड़कर उन दो आदमियों की तरफ देखा। वे वहां खड़े थे, हाथ में हथियार लिए, एक-दूसरे से बहस कर रहे थे और कैब वाले को उंगली दिखा रहे थे।

कैब की गर्माहट से राहत मिली। पगड़ी पहने सिख ड्राइवर ने गुस्सा दिखाना शुरू कर दिया और जानना चाहा कि मैं आधी रात को हार्लेम के बीचों-बीच क्या कर रहा था; क्या मुझे एहसास नहीं हुआ कि मेरा पीछा कर रहे लोग हथियारों से लैस थे और अगर मैंने विरोध किया होता तो वे मुझे बंदूक की नोक पर लूट लेते और शायद गोली मार देते? जब मैंने उसे मेरी मदद करने के लिए हिंदी में धन्यवाद दिया, तो वह हैरान था कि मैं इंडियन था—उसे लगा था कि मैं

साउथ अमेरिका से था। वह मुझे लेक्चर देने लगा कि न्यूयॉर्क कितना अनसेफ था, खासकर वे इलाके। फिर उसने इंडिया के बारे में पूछा और मेरा घर कहां था और एक ऐसे शहर में बंदूकों और हिंसा के बारे में अपनी कहानियां और अनुभव शेयर किए जिसने यह सब देखा था।

आज तक, मुझे कोई अंदाज़ा नहीं है कि कैब ड्राइवर खुद रात में हार्लेम में क्या कर रहा था और उसे कैसे पता चला कि मैं मुसीबत में था और मुझे मदद की ज़रूरत थी। जब मैं मीरा और महमूद के प्यारे रिवरसाइड ड्राइव अपार्टमेंट में, सोफे पर एक ग्लास रेड वाइन के साथ बैठा, तो मैं बस यूनिवर्स और अपने फरिश्तों का शुक्रिया ही अदा कर सकता था।

कुछ महीने बाद, मैं एम्बेसडर श्याम सरन से मिलने इंडोनेशिया गया। वे हाल ही में वहां पोस्टेड हुए थे और दोनों देशों के बीच कॉमर्स, ट्रेड, कल्चर, धर्म और विरासत के पुराने कनेक्शन को सेलिब्रेट करने के लिए एक फेस्टिवल शुरू करना चाहते थे। उन्होंने टीमवर्क फिल्म्स में हमसे कॉन्टैक्ट किया था। और हम बोरोबुदुर, बांडुंग, जोग जकार्ता, जकार्ता और बाली सहित इंडोनेशिया के हर बड़े शहर में डांस, म्यूजिक, थिएटर, फूड, फैशन और विजुअल आर्ट्स का तीन हफ्ते का एक शानदार शो बनाने की संभावनाएं तलाशने लगे। मेगावती सुकर्णोपुत्री उस समय प्रेसिडेंट थीं और वे बॉलीवुड को पसंद करती थीं। हमारा प्लान था कि शाहरुख खान, रानी मुखर्जी और नई उभरती एक्ट्रेस प्रियंका चोपड़ा को स्टार करते हुए एक मेगा शो किया जाए। हमने एक इंडोनेशियन ब्रॉडकास्टर के साथ टाईअप किया, जो फेस्टिवल का प्राइमरी स्पॉन्सर भी था, ताकि पूरे इंडोनेशिया में शो दिखाया जा सके।

किसी भी दूसरे देश में फेस्टिवल सेटअप करना हमेशा एक चैलेंज के साथ-साथ एडवेंचर भी होता है। इंडोनेशिया एक पारम्परिक और सांस्कृतिक

देश है, जिसकी अपनी कई फेमस आर्ट फॉर्म थीं जैसे: वायांग में शैडो पपेट के माध्यम से रामायण और महाभारत की कहानियां सुनाई जाती हैं; गमेलन म्यूज़िक में वायांग परफॉर्मेंस के साथ कॉम्प्लेक्स झांझ और घंटियां बजती थीं; और डबल-इकत की वाइब्रेंट टेक्सटाइल ट्रेडिशन, जिसका इस्तेमाल इन परफॉर्मेंस में लकड़ी के पपेट कैरेक्टर्स को शानदार मास्क और हेड गियर्स पहनाने के लिए किया जाता था।

सदियों से, उड़ीसा, आंध्र प्रदेश और तमिलनाडु के तट से कॉटन, सिल्क और सोना ले जाने वाले ट्रेडिंग जहाजों के माध्यम से भारतीय संस्कृति और कहानियां पूरब की ओर सफ़र करती रही हैं। साथ ही फ़िलॉसफ़ी, कल्चरल परंपराएँ और धार्मिक रीति-रिवाज़ भी, जिन्हें समय के साथ वहां के लोगों ने अपना लिया था।

बोरोबुदुर और उसके मशहूर मंदिर के रास्ते में, आप सड़क किनारे किसी भी झोपड़ी में रुककर चिकन अयम खा सकते हैं, यह नरम पूरा या कटा हुआ चिकन है जिसे लोकल मसालों में मैरीनेट किया जाता है और फिर हल्के आटे में मिलाकर तला जाता है, और इसे लहसुन, अदरक, धनिया और मिर्च से बनी सबसे मज़ेदार चटनी के साथ परोसा जाता है। ये यकीनन मेरे अब तक के सबसे अच्छे चिकन डिश में से एक है।

जकार्ता ऐसा शहर है, जहां की भीड़-भरी सड़कों से निकलने के लिए एयर कंडीशंड लिमोज़ीन के बजाय स्कूटर टैक्सी ज़्यादा सही रहती हैं। एक-दूसरे से सटे घर और हमेशा व्यस्त सड़कें और गलियां, जो हमेशा ब्लॉक रहती थीं। कितने भी फ्लाईओवर इस ट्रैफिक को आसान बनाने में मदद नहीं कर सकते थे। अगर आप किसी मीटिंग या ऑफिशियल डिनर के लिए जा रहे हों, तो आप कह नहीं सकते कि आप लेट होंगे, टाइम पर पहुंचेंगे या एक घंटा पहले पहुंचेंगे (ऐसे में, होस्ट और होस्टेस आपको अपने हेयर कर्लर और स्वेटपैंट में मिलते थे)। शहर की भागदौड़ के उलट, अमीर लोगों के घर शांति और सुकून

के नखलिस्तान थे, जहां पानी की धाराएं तराशे हुए पत्थरों पर गिरती थीं और नीले टाइल वाले शानदार स्विमिंग पूल में जाकर मिलती थीं।

बाली जकार्ता से बिल्कुल अलग था। पारंपरिक आर्किटेक्चरल स्टाइल में डिजाइन किया गया इसका अनोखा इंटरनेशनल एयरपोर्ट आपको तुरंत एक अलग दुनिया में ले जाता है। जैसे ही आप एयरपोर्ट से गुज़रते हैं, भीड़भाड़ वाले शहर की उमस भरी गर्मी गायब हो जाती। खुले गलियारों से ठंडी हवा बहती, जो स्थानीय परंपराओं के अनुसार नक्काशीदार लकड़ी के खंभों से बने थे। ऐसा माना जाता था कि सबसे पवित्र जगहें पहाड़ों की तरफ बनी थीं, जो देवताओं और उनके पूर्वजों का निवास है, और तुलनात्मक रूप से गंदी जगहें समुद्र की तरफ थीं, जहां माना जाता है कि राक्षस रहते हैं जो सुनामी लाते हैं।

बाली की 90 प्रतिशत से ज़्यादा आबादी हिंदू या बौद्ध धर्म को मानती है, जिसकी शुरुआत पहली सदी में हुई थी। लोगों का मानना है कि देवी-देवता प्रकृति के हर रूप में और प्रकृति की चीज़ों में मौजूद हैं, चाहे वह नदियां हों, पेड़-पौधे हों, चट्टानें हों या रोज़मर्रा की चीज़ें जैसे बुना हुआ कपड़ा, चाकू और कटोरे हों। सेल्फ-डिसिप्लिन और मूवमेंट में बहुत ज़्यादा रीति-रिवाजों वाली परंपराओं को देखते हुए, उन्होंने पेंटिंग सहित जटिल और सोफिस्टिकेटेड आर्ट फॉर्म डेवलप किए हैं, और आपको विज़ुअल आर्ट, वुडकार्विंग, हैंडीक्राफ्ट और परफ़ॉर्मेंस स्टाइल मिलेंगे जो हिंदू महाकाव्यों की कहानियों को दिखाते हैं।

हमारे होस्ट, बाली के गवर्नर ने अपने एडीसी को रेकी के दौरान हमारा ध्यान रखने को कहा था। खुद को हरियाणा का ब्राह्मण कहने वाले एडीसी अपनी जाति और मूल के कारण आइलैंड पर एक जाने-माने व्यक्ति माने जाते थे। वह हमें बाली बीच होटल ले गए, जिसे प्रेसिडेंट सुकर्णो ने 1960 के दशक की शुरुआत में बनवाया था और उसके बाद इसे ठीक करवाया गया था; यह होटल सानूर के सफेद रेत वाले बीच पर 42 एकड़ ज़मीन पर बना था। अपना सामान रखने और फ्रेश होने के बाद, हम उबुद में संभावित जगहों को देखने

के लिए निकल पड़े, जो आइलैंड का कल्चरल हब है और इसकी राजधानी डेनपसार के उत्तर में पहाड़ियों में बसी है।

उबुद एक आकर्षक हिल रिसॉर्ट है, जिसकी सड़कों पर पेंटर और लकड़ी की नक्काशी करने वाले लोग टीक, महोगनी, सोनोकेलिंग या लोकप्रिय जाति की लकड़ी पर सबसे बारीक काम करते हैं। होटल और स्पा बहुत खूबसूरती से सजाए गए हैं, मसाज एरिया, रेस्टोरेंट और टेबल सेटिंग को सफेद पतले कपड़े से अलग किया गया है, और जगह के ओरिएंटेशन के आधार पर शानदार सूर्योदय या सूर्यास्त के पैनोरमिक व्यू मिलते हैं, चाहे वह पूरब हो या पश्चिम। हाफ मून रेस्टोरेंट के रंग-बिरंगे पूल में लटकते बरगद के पेड़ और नारियल के बाग दिखते थे, और गुड़हल, चमेली और फ्रांगीपानी की खुशबू, अगरबत्ती की खुशबु के साथ मिलकर एक मादक मिक्स बनाती थी। पानी के पूल के आखिर में बनी टेबल सीटिंग में ज़्यादातर रातों में चांद दिखता था और यह म्यूज़िक कॉन्सर्ट या कविता और किताब पढ़ने के लिए बहुत अच्छी जगह थी। सालों बाद, यह रेस्टोरेंट सालाना उबुद लिटरेचर फेस्टिवल की जगह बन गया, जो अब दुनिया भर के लेखकों के लिए मस्ट-विजिट डेस्टिनेशन है।

पूरा दिन कुदरत की हर चीज़ को एक्सप्लोर करने और बाली के बहुत ही बैलेंस्ड खाने का मज़ा लेने के बाद, हम कुटा गए ताकि वहां के नाइटक्लब्स और रेस्टोरेंट देख सकें, जो बाली की लोकप्रिय टूरिस्ट डेस्टिनेशन में से एक हैं। एडीसी ने ड्राइवर को कहा था कि वह हमें वापस आते समय कुटा छोड़ दे—लेकिन शायद उसे यह बात समझ नहीं आई, क्योंकि ड्राइवर सीधे डेनपसार में हमारे होटल चला गया। वहां पहुंचकर, हमने फ्रेश होने का फैसला किया और फिर होटल से ऑर्डर की गई कैब से कुटा के लिए निकल पड़े। जैसे ही हम डेनपसार से गुज़रे, सड़क किनारे हर कैफ़े और रेस्टोरेंट की खिड़कियों पर सक्लिंग पिग और रोस्ट डक के स्वादिष्ट डिस्प्ले लगे हुए थे। हमने इन मशहूर डिशेज़ में से कुछ का मज़ा लेने का फैसला किया और

ड्राइवर से हमें छोड़ने के लिए कहा और उससे कहा कि हम एक लोकल कैब लेंगे और डिनर के बाद कुटा के लिए निकलेंगे।

पोर्क को रोस्ट करने का बाली का तरीका एक आर्ट माना जाता है। सूअर को हल्दी, लहसुन, शैलट, अदरक, लेमनग्रास, गलंगल, धनिया के बीज, मिर्च, काफ़िर लाइम के पत्ते और सलाम के पत्तों में मैरीनेट किया जाता है, फिर लकड़ी के स्पिट या गैस की आग पर तब तक ग्रिल किया जाता है जब तक उसका रस न निकल जाए और वह सुनहरा होने तक रोस्ट हो जाता है। इस रसीले, नर्म और क्रिस्पी पोर्क को आप कई तरह की सोसेज के साथ खा सकते हैं और ये जादुई स्वाद आपको एक अलग ही दुनिया में ले जाता है। बाली, एक हिंदू राज्य होने के नाते, इंडोनेशिया में एकमात्र जगह है जहां आपको रेस्टोरेंट में पोर्क मिल सकता है।

जरूरत से ज़्यादा खाकर और बाली बीयर पीने के बाद हमने कुटा के लिए निकलने का फैसला किया। ये बियर लोकल चावल की बनी शराब से कम मज़ेदार थी, जिसे हर घर में फर्मेंट किया जाता है और ये टैप के जरिये मिलती है। जब हम रेस्टोरेंट से निकले तो रात के 10.30 बज चुके थे, और मुझे पता था कि अगली सुबह मेरी 6 बजे की फ़्लाइट है और मुझे होटल से सुबह 4.30 बजे तक निकलना होगा।

हमने दो मोबाइक कैब बुलाईं, उनसे हमने तब तक मोलभाव किया, जब तक कि वो हमारे मन के किराए के लिए राज़ी नहीं हो गए। ड्राइवरों ने ज़ोर से कहा कि बाली में कोई मोलभाव नहीं करता क्योंकि मेहमान को धोखा देना पाप माना जाता है। हवा हमारे बालों में बह रही थी, होठों पर एक गाना था, हम चावल के खेतों के पास से तेज़ी से गुज़रे... जब तक, अचानक, ड्राइवरों ने सड़क किनारे गाड़ी रोक दी और हमसे और पैसे मांगे, जिसके बिना उन्होंने आगे जाने से मना कर दिया—पाप जमा करने और टूरिस्ट को धोखा देने के लिए बस इतना ही। परेशान होकर हम बाइक से उतरे, और देखा कि हम अपने

होटल से ज़्यादा दूर नहीं थे, तो हमने कुटा जाने का अपना प्लान छोड़ दिया और अगली सुबह फ़्लाइट लेने से पहले कुछ देर सोने के लिए अपने कमरों में वापस चले गए।

मुझे सुबह-सुबह की फ्लाइट्स पसंद नहीं हैं और यह भी कोई अलग नहीं था। नींद भरी आँखों और चिड़चिड़ेपन के साथ, मैं बांडुंग के लिए फ़्लाइट पकड़ने के लिए लोकल एयरपोर्ट के लिए निकला। वहाँ से मुझे मेलबर्न जाकर आने वाले कॉमनवेल्थ गेम्स आर्ट्स फ़ेस्टिवल के लिए डांसर्स के ऑडिशन लेने थे, जिसे मुझे डायरेक्ट करने के लिए कहा गया था। एयरपोर्ट सुनसान था; सिक्योरिटी गार्ड एक बॉलीवुड गीत को गाने और डांस करने में बिज़ी था और खुशी-खुशी मुझे बिना ज़रूरी तलाशी के जाने दिया। जब मैं फ्लाइट का इंतज़ार कर रहा था, मैंने अपना फ़ोन स्क्रॉल किया और देखा कि पुनीता के कई मिस्ड कॉल्स थे। मैंने तुरंत उसे वापस कॉल किया, यह सोचकर कि क्या हुआ होगा। वह घबराई हुई थी और उसने पूछा कि मैं कहां था, मैं उसके कॉल क्यों नहीं उठा रहा था और क्या मैं कुटा गया था। उसने कहा कि वह होटल में और मेरे मोबाइल पर मुझसे कॉन्टैक्ट करने की कोशिश कर रही थी, लेकिन कर नहीं पाई। फिर उसने पूछा कि क्या मैंने बाली में बम ब्लास्ट के बारे में सुना है और न्यूज़ चैनलों पर चल रहे विज़ुअल्स के बारे में बताया। मैंने उससे कहा कि टीवी पर जो कुछ भी उसने देखा, उस पर यकीन न करे क्योंकि मीडिया पर भरोसा नहीं किया जा सकता और ऐसा कुछ भी नहीं हुआ था; हालांकि हम कभी कुटा बीच तक नहीं पहुंचे थे, लेकिन किसी भी अनहोनी की खबर नहीं थी, टेरर अटैक की तो बात ही छोड़ दें। जब मैं बांडुंग पहुंचा और वहां मेरे कलीग्स और एम्बेसी के रिप्रेज़ेंटेटिव्स ने मेरा स्वागत किया, तभी मुझे इस भयानक टेरर अटैक के बारे में पता चला।

पिछली रात, करीब 11 बजे, तीन बम धमाके हुए, दो कुटा में और एक डेनपसार में अमेरिकन कॉन्सुलेट में। उस बिज़ी शनिवार की रात को जब

बार और क्लब टूरिस्ट और लोकल लोगों से भरे हुए थे, कुल 202 लोग मारे गए और अनगिनत घायल हुए। एक सुसाइड बॉम्बर पॉपुलर पैडीज़ बार में घुसा और पहला बम फोड़ दिया, जबकि सारी क्लब के बाहर खड़ी एक वैन में रिमोट से धमाका किया गया। धमाकों की ताकत इतनी ज़्यादा थी कि एक मील के दायरे में हर रेस्टोरेंट की कांच की खिड़कियां टूट गईं। अपनी परंपराओं के अनुसार, एक शांत और सुकून भरी जीवन शैली जीने वाले, बाली के विनम्र और सभ्य लोग इस घटना पर हैरान थे। उस रात धमाकों में मारे गए लोगों में 39 इंडोनेशियाई भी थे। बाद में, अल-कायदा से जुड़े एक साउथ-ईस्ट एशियाई जिहादी संगठन जेमाह इस्लामिया ने हमले की ज़िम्मेदारी ली। हमारे लिए, यह बाल-बाल बचना था; हम तीन बार कुटा के लिए निकले थे, और तीनों बार किसी अदृश्य शक्ति ने हमें रोक दिया था और नुकसान से बचा लिया था।

लगभग एक दशक बाद, 2013 में, नमिता गोखले और विलियम डेलरिम्पल के साथ मिलकर जयपुर लिटरेचर फेस्टिवल को सफलतापूर्वक स्थापित करने के बाद, हम आकार, कद और प्रतिष्ठा में बड़े हो गए थे और यूएसए में जेएलएफ का पहला एडिशन शुरू करने की संभावना तलाश रहे थे। जेएलएफ लंदन हमारा पहला इंटरनेशनल एडिशन था, और हम उस जादू का कुछ हिस्सा अमेरिका ले जाने की उम्मीद कर रहे थे।

उस साल की शुरुआत में, जयपुर फेस्टिवल में आए तीन विज़िटर्स ने विलियम डेलरिम्पल को एक भावुक ईमेल लिखा था जिसमें बताया गया था कि हमें बोल्डर, कोलोराडो को अमेरिकन एडिशन के लिए सही जगह क्यों मानना चाहिए। लंबे, लहराते सफेद बालों वाली मारुता कैनिंस फ्लावर पावर जेनरेशन की एक बौद्ध थीं। वह अपने तिब्बती ट्रांसलेटर पार्टनर के साथ नेपाल

में रहती थीं, वहीं अपने बच्चों को पाला-पोसा और आखिर में बोल्डर चली गईं, जहां उन्होंने एक बुटीक स्टोर खोला, जहां वे कीमती और सेमी-प्रेशियस पत्थरों से सजी इंडियन ज्वेलरी, शॉल, कालीन, पीतल और तांबे की मूर्तियां और सबकॉन्टिनेंट की दूसरी कलाकृतियां बेचती थीं। मारुता जयपुर फेस्टिवल में शुरू से ही आ रही थीं, और एक एडिशन में उनकी मुलाकात जेसी फ्रीडमैन, एक साइकोलॉजिस्ट, और जूल्स लेविंसन, एक तिब्बती ट्रांसलेटर से हुई, जो दोनों बोल्डर के रहने वाले थे, जो सांची में एक कॉन्फ्रेंस से लौटते समय गलती से फेस्टिवल में आ गए थे, जहां वे परम पावन दलाई लामा को सुनने गए थे। फेस्टिवल में होने वाली बातचीत की गहराई और अलग-अलग टॉपिक और जोशीले और एनर्जेटिक ऑडियंस से प्रभावित होकर, उन तीनों को यकीन हो गया कि जेएलएफ को बोल्डर आना ही चाहिए।

मुझे पक्का नहीं पता था कि बोल्डर कहां था, इसलिए मैंने मैप पर उसे देखा और तय किया कि मुझे डेनवर के लिए फ़्लाइट लेनी होगी, जो सबसे पास का बड़ा एयरपोर्ट था, और फ़्लैटिरॉन्स के बेस पर बसे इस शहर तक जाने के लिए लिफ़्ट लेनी होगी, जो रॉकी माउंटेन्स की तलहटी में लोहे के चपटे हिस्से जैसा दिखने वाला एक खास रॉक फ़ॉर्मेशन है। बोल्डर जाकर ही पता चल सकता था कि जेएलएफ को वहां होस्ट करने का हिम्मत वाला प्लान काम करेगा या नहीं; इसलिए मैं वहां चला गया।

मारुता 65 किमी. एयरपोर्ट तक गाड़ी चलाने और मुझे वापस बोल्डर ले जाने के लिए राज़ी हो गईं। डेनवर को माइन-हाई सिटी भी कहा जाता है। यहां का आसमान इस तरह से गहरा नीला था कि कोई भी यहां की खूबसूरती में खो जाए और सर्दियों में इसके लहराते मैदान बर्फ़ की चादर से ढक जाते थे। जैसे ही आप शहर से बाहर निकलते, हाईवे ऊपर-नीचे होता रहता, जब तक कि एक जगह पर आपको फ़्लैटिरॉन्स का पूरा हिस्सा क्षितिज पर फैला हुआ दिखाई नहीं देता। उस इलाके में अभी-अभी एक अजीब बर्फ़ीला

तूफ़ान आया था और सड़कें बर्फ़ से ढकी हुई थीं; दिलचस्प बात यह है कि अगले कुछ सालों में, जब भी मैं बोल्डर गया, मुझे हमेशा बर्फ़बारी का सामना करना पड़ा।

मारुता की कार ने इससे कहीं बेहतर साल देखे थे और यह देखते हुए कि इसका इस्तेमाल उसके पोते-पोतियों को लाने और उसके सामान के पिकअप के तौर पर भी किया जाता था, यह पहले से ज़्यादा खराब हो गई थी। हम बातें कर रहे थे और लोकल गॉसिप सुन रहे थे और वह हमारे होने वाले लोकल पार्टनर—जेसी फ्रीडमैन और जूल्स लेविंसन—की बैकग्राउंड डिटेल्स शेयर कर रही थी, तभी अचानक आगे सड़क पर तीन प्रेयरी डॉग आ गए। बर्फ़ीले हालात और मारुता जिस स्पीड से गाड़ी चला रही थी, उसे देखते हुए, गाड़ी मोड़ना पागलपन होता, और फिर भी, अपनी गहरी बौद्ध मान्यताओं और सभी जीवों के लिए दया की वजह से, उसने गाड़ी मोड़ ली! बाकी सब स्लो मोशन में हुआ: मैंने खुद को संभाला और उसे ब्रेक न लगाने के लिए कहा, जबकि उसने ऐसा किया। टायरों के सड़क पर रगड़ खाने की आवाज़ किसी चीख़-सी लगी, कार चरमराई और जैकनाइफ़ हो गई। कुछ देर के लिए टायरों की सड़क पर पकड़ ढीली पड़ गई और कार पूरे 180 डिग्री घूमकर तभी थमी जब वह सीधी होकर किनारे आ लगी। शुक्र था कि कार पलटी नहीं।

हमें खुद को संभालने और घबराहट कम होने में थोड़ा समय लगा, और जब हमने चारों ओर देखा तो पाया कि एक्सप्रेसवे के दोनों तरफ ट्रैफिक रुक गया था ताकि हाईवे पर कोई बड़ा जाम न लग जाए। मैंने राहत की सांस ली और मारुता के साथ मज़ाक किया कि यूनिवर्स ने हमारी रक्षा की थी और यह बोल्डर में जेएलएफ शुरू करने का एक संकेत था। तब से, बोल्डर पब्लिक लाइब्रेरी में होने वाला जेएलएफ कोलोराडो, यूनाइटेड स्टेट्स में हमारा मदरशिप इवेंट रहा है, जिसके नए एडिशन वहां से निकलकर ह्यूस्टन, न्यूयॉर्क, सिएटल और नॉर्थ कैरोलिना तक पहुंच गए हैं।

डेनवर के लिए उड़ान भरने से पहले, मैं शिकागो के एक शानदार बुटीक होटल, द पब्लिक में रुका था, जो गोल्डन माइल के ठीक बाहर और झील से दो ब्लॉक दूर है। रिसेप्शन डेस्क पर एक अनोखी घड़ी लगी थी जिसकी सुइयां समय के साथ पीछे की ओर चलती थीं, और डाइनिंग हॉल में छत से सोलर सिस्टम के ग्रहों के आकार के लैंप लटके हुए थे, जहां आस-पास का सबसे अच्छा नाश्ता मिलता था और यह शहर का सबसे सेक्सी नाइट क्लब भी था। रात में जब मैं अपने कमरे में वापस आया तो मुझे शैंपेन की बोतल के साथ, होटल मैनेजर का एक नोट मिला, जिसमें उसने माफी मांगी थी और मुझे फोन करने के लिए कहा था। उत्सुक होकर, मैंने रिसेप्शन डेस्क पर फोन किया और मुझे बताया गया कि दिन में दीवार का एक पूरा शीशा अचानक टूट गया था, जिससे फर्श और कमरा टूटे हुए कांच के टुकड़ों से भर गया था जिसे हाउसकीपिंग ने साफ कर दिया। चूंकि जब मैं अपने कमरे में लौटा तो मुझे शीशा गायब होने का पता भी नहीं चला, इसलिए अगली सुबह डेनवर में हुई इस घटना तक मैंने इसके बारे में कुछ नहीं सोचा।

क्या यह कोई 'टोटका' था, किसी जादू को तोड़ना—आने वाली बुरी नजर से बचने का एक तरीका, या यह सिर्फ एक इत्तेफाक था? मैं बस इतना जानता हूं कि कुछ फ़रिश्ते हैं जो हर बार जब मैं किसी मुसीबत में पड़ता हूं तो मेरी रक्षा करने के लिए मौजूद रहते हैं।

13

इतिहास के अवशेष

एडिनबर्ग

जैसे ही विमान लैंडिंग के लिए मुड़ा, बादलों का घेरा छंट गया और नए उगते सूरज की किरणें फर्थ पर बने फोर्थ ब्रिज पर पड़ीं, और हरे-भरे पहाड़ नज़र आने लगे। उन पर बर्फीली सफेद भेड़ों के झुंड और करीने से बंधी घास की गांठें बिखरी हुई थीं। स्कॉटलैंड, कहानियों और वीरता, झीलों और राक्षसों, तूफानों और पत्थरों, बारिश और कोहरे, माल्ट और व्हिस्की, टार्टन और किलों की धरती है। यह पुरानी चीज़ों और परंपराओं से भरी एक ऐसी दुनिया थी, जो खोजे जाने का इंतज़ार कर रही थी।

साल 2002 था, और मैं एडिनबर्ग लौट रहा था, जो एक तरह से मेरा पसंदीदा शहर बन गया था। 1999 में हमारी पहली विज़िट से ही हमें उस शहर, वहाँ के लोगों और वहाँ दिखाई जाने वाली कला की विविधता और भव्यता से प्यार हो गया था। मैं वहां ब्रिटिश काउंसिल, इंडिया की डायरेक्टर ऑफ़ आर्ट्स, सुषमा बहल की वजह से गया था। वो चाहती थीं कि मैं सालाना एडिनबर्ग फेस्टिवल देखूं, जिसमें दुनिया भर से कलाकार, परफॉर्मर, एजेंट और फेस्टिवल डायरेक्टर आते थे।

उस फेस्टिवल विज़िट के दौरान, पुनीता और मैं डलकीथ रोड पर, कॉमनवेल्थ स्विमिंग पूल के पास, एक बीएंडबी में तीस पाउंड प्रतिरात के हिसाब से रुके थे। ब्रिटिश काउंसिल ने उनके द्वारा सुझाए गए या हमारे द्वारा चुने गए शो के लिए पेमेंट करने का इंतज़ाम किया था, और हर दिन हम सुबह 8.30 बजे उठकर, सिटी सेंटर के लिए बस लेते थे और दिन की पहली परफॉर्मेंस देखने के लिए सुबह 10 बजे तक अपनी सीटों पर पहुँच जाते थे। शहर की ज्योग्राफी से परिचित न होने के कारण, हमने ओल्ड और न्यू टाउन में फैले वेन्यू में बैक-टू-बैक शो बुक कर लिए थे। इस वजह से हमें शहर के दो अलग-अलग हिस्सों को जोड़ने वाले घास के मैदानों और गलियों से होते हुए, तेज़ी से ऊपर और नीचे चलना पड़ता था, जो अब पब्लिक कॉन्सर्ट और संडे पिकनिक के लिए एक खूबसूरत जगह है, लेकिन पहले यह वह खाई थी जो एडिनबर्ग कैसल को घेरे हुए थी और जिसमें सारा कचरा और इंसानी गंदगी फेंकी जाती थी। आमतौर पर, हम दिन का अंत देर रात के स्टैंड-अप कॉमेडी शो के साथ करते थे, जिसके लिए फ्रिंज फेस्टिवल जाना जाता था। यह शो जॉर्ज स्ट्रीट पर असेंबली रूम्स में होता था, जिसे फ्रिंज की सबसे मशहूर जगहों में से एक माना जाता है। इसमें लेटेस्ट थिएटर, सोल्ड-आउट कॉमेडी और कुछ खास म्यूज़िक परफॉर्मेंस का एक शानदार प्रोग्राम होता था, जिसे मशहूर आर्ट्स एंटरप्रेन्योर, विलियम 'बिल' बर्डेट-काउट्स ने क्यूरेट और प्रोड्यूस किया था।

एडिनबर्ग फेस्टिवल, जिसमें चार हफ़्तों में 33,000 से ज़्यादा शो होते हैं, सच में क्रिएटिविटी और डाइवर्सिटी का एक संगम है, जो दुनिया के हर हिस्से की कला को दिखाता है। उन दिनों परफ़ॉर्मर टूरिस्ट वीज़ा के लिए अप्लाई करके फेस्टिवल में जा सकते थे, और अपने काम को दिखाने के लिए फ्रिंज फेस्टिवल में जगह बुक कर सकते थे। हालाँकि सैकड़ों जगहें थीं जहाँ शो होते थे, फ्रिंज फेस्टिवल के मुख्य स्टेज ट्रैवर्स थिएटर, असेंबली रूम्स, द प्लेजेंस,

सी-वेन्यूज़ और ऑरोरा नोवा थे, जिन्हें सेंट स्टीफन में वोल्फगैंग हॉफमैन ने क्यूरेट किया था, जो एक पुरानी चर्च थी।

एडिनबर्ग रहस्यमय, ऐतिहासिक है और अतीत और वर्तमान के बीच की धुंधली रोशनी में मौजूद है। ओल्ड टाउन को 1995 में यूनेस्को हेरिटेज सिटी का दर्जा मिला, जिससे एडिनबर्ग कैसल और रॉयल माइल के पास की गलियों और ऐतिहासिक इमारतों को संरक्षित किया गया। इमारतें कई अलग-अलग लेवल पर बनी हैं, अक्सर सड़क के लेवल से नीचे सात मंज़िल तक गहरी जाती हैं। इनका इस्तेमाल उन परिवारों के रहने के लिए किया जाता था जो आयरिश आलू अकाल से बचकर आए थे और उन नौकरों के लिए जो राजधानी शहर के अमीर व्यापारियों, शाही दरबारियों, लॉर्ड्स और लेडीज़ की सेवा करते थे।

पुराने ज़माने में, इन्हीं पक्की सड़कों पर शहर का मुनादी करने वाला हर रात 10 बजे अलार्म बजाता था और नशे में धुत आवारा लोगों को जल्दी घर जाने की चेतावनी देता था, जबकि ऊपर की खिड़कियाँ खोलकर कचरे की बाल्टियाँ सड़क पर खाली कर दी जाती थीं, और कचरा फिसलकर उस खाई में चला जाता था जो उस इलाके को घेरे हुए थी।

चूहों के भयानक प्रकोप और शहर की बहुत ज़्यादा गंदी हालत की वजह से, प्लेग घरों में फैल गया, और अमीर और गरीब, सभी को अपनी चपेट में ले लिया। इस खतरनाक ब्लैक डेथ से खुद को बचाने के लिए, ज़मीन के ऊपर रहने वाले अमीर लोगों ने मैरी किंग क्लोज में नीचे के क्वार्टर के दरवाज़ों को ईंटों से बंद कर दिया। ऐसा करके उन्होंने उन परिवारों को अंडरग्राउंड कमरों में बंद कर दिया, जिन्हें चूहों और दूसरे कीड़ों के पास रहने की वजह से प्लेग हो गया था। इन भूमिगत कमरों में पूरे के पूरे परिवार बुखार और भूख से मर गए। अगर आप रॉयल माइल पर भूमिगत तहखानों का टूर या घोस्ट टूर बुक करते हैं और इन जगहों पर जाते हैं, तो आपकी रीढ़ में सिहरन दौड़ जाएगी

जब आप उन लोगों की दुख और निराशा की कल्पना करेंगे जो मौत से बचने के लिए पत्थरों और ईंटों को खरोंच रहे थे।

रिंग-ए-रिंग ओ' रोज़ेज़,
पॉकेट फुल ऑफ़ पोसीज़,
ए-टिशू, ए-टिशू,
वी ऑल फॉल डाउन।

यह नर्सरी राइम प्लेग के समय शुरू हुई थी और इससे बच्चों का एक भयानक खेल शुरू हुआ जिसमें बच्चे हाथ पकड़कर गोल घूमते थे, छींकने का नाटक करते थे और फिर ज़मीन पर गिर जाते थे, मरने का नाटक करते हुए। जो सबसे आखिर में गिरता था, उसे अगले राउंड में रिंग के बीच में खड़ा किया जाता था या कोई काम या सज़ा दी जाती थी।

आप जिस सदी में शहर में रहते थे, उसके आधार पर, अगर आप प्लेग या बीमारी से नहीं मर रहे थे, तो आपको विधर्मी या कैथोलिक घोषित किया जा सकता था, और या तो आपको स्टील के पिंजरे में बंद करके चौक में सड़ने और भूखे मरने के लिए छोड़ दिया जाता था, या आपको दोनों सिरों पर लोहे की कीलों वाले लकड़ी के बैरल में पैक करके पत्थर के रास्तों से नीचे खाई में लुढ़का दिया जाता था। अगर बैरल डूब जाता था, तो यह सबूत था कि आप विधर्मी थे; अगर वह तैरता और आप बच जाते, तो इसका मतलब था कि आप एक चुड़ैल थे, जिसके बाद आपको बाहर निकालकर दांव पर जला दिया जाता था।

सदियों से, हिंसा, साज़िश और धोखे का यह सिलसिला एडिनबर्ग की खून से सनी सड़कों पर चलता रहा, और दूसरे विश्व युद्ध के बाद ही खुशी और जश्न का माहौल बना। होगमैने के बड़े जुलूस और फेस्टिवल की ओपनिंग परेड, जिसमें

बाजीगर और स्टिल्ट वॉकर, जोकर और म्यूजिशियन, बसकर और कलाबाज शामिल थे, ने आज की यादों से बीते ज़माने के खूनी समय को मिटा दिया था। लेकिन सतह के ठीक नीचे कोई अकेला ट्रोल, कोई बिना शरीर वाली आत्मा, या बिना सिर वाला कवच वाला योद्धा हो सकता है जो मुक्ति की तलाश में हो।

हमारे अंडरकवर पुलिस ऑफिसर दोस्त एली और बेघर लोगों के लिए सोशल वर्कर टिम ने हमें चुपके से एडिनबर्ग टैटू में एंट्री दिलवा दी, जो बहुत शानदार था। इन दोनों से हम भारत में सलाम बालक ट्रस्ट में इनकी विजिट के दौरान मिले थे और हम लोग अच्छे दोस्त बन गए थे। हजारों लोग कैसल एस्प्लेनेड पर मार्चिंग बैंड और मिलिट्री डिस्प्ले की बारिश में भीगी परफॉर्मेंस देखते रहे, जो हर शाम आतिशबाजी के एक शानदार शो के साथ खत्म होती थी। सालों बाद, जब हम एडिनबर्ग टैटू में रॉयल बॉक्स में उसके तत्कालीन डायरेक्टर, ब्रिगेडियर मेलविल (मेल) जेमसन के साथ बैठकर शैंपेन पी रहे थे, हमारे पैर गर्म टार्टन कंबल से ढके थे, और हम सौ डांसरों की एक टीम को भारतीय संगीत की धुन पर जादू बिखेरते हुए देख रहे थे, तब हम उन रोमांचक पलों को याद कर रहे थे।

उस दौरान, इतने सारे परफॉर्मेंस देखते हुए, मैं सोचता था कि यहां भारत की तरफ से कोई प्रोग्राम क्यों नहीं होता। उस अनुभव से उत्साहित और प्रेरित होकर, जब हम घर लौटे तो तय कर चुके थे कि हम दुनिया को अपनी क्लासिकल और कंटेम्पररी परंपराओं का जलवा दिखाकर रहेंगे। टीमवर्क तब तक इस मुकाम पर नहीं पहुंचा था। हम टीवी से दूर होकर कला के क्षेत्र में लौटने के हमारे फैसले से धीरे-धीरे उबर रहे थे, और मेरे साथी इस बात से निराश और गुस्से में थे कि मैं अपने शो के लिए एक इंटरनेशनल प्लेटफॉर्म तैयार करने में अपने सीमित संसाधनों का गैर-ज़रूरी इस्तेमाल कर रहा था। हमें सफलता मिलने में कुछ साल लग गए, और तब तक हम कम खर्च और कम सैलरी वाले सिद्धांत पर चलते रहे और महीने-दर-महीने संघर्ष करते रहे।

ब्रिटिश काउंसिल की बदौलत मुझे रोजर मैककैन के नेतृत्व में आर्ट-मैनेजमेंट वर्कशॉप की एक सीरीज़ में गेस्ट फैकल्टी के तौर पर साइन किया गया, जिसे विजिटिंग आर्ट्स, यूके और कला प्रेमी नेल्सन फर्नांडीज ने आंशिक रूप से फंड किया था। उन्हें भारत से प्यार हो गया था और वे इसकी संस्कृति और कला को बढ़ावा देना चाहते थे। उनकी मदद से, हम पार्टनर्स का एक मज़बूत नेटवर्क बना पाए और 2001 में एडिनबर्ग में अपना पहला 'सेलिब्रेटिंग इंडिया फेस्टिवल' प्लान किया। पहले साल में, हमने फ्रिंज में छह अलग-अलग प्रोडक्शन पेश किए, जिन्हें थोड़ी सफलता मिली: साउथ साइड और आउट ऑफ द ब्लू में इंडियन ओशन का संगीत; ऑरोरा नोवा, सेंट स्टीफंस में लिलेट दुबे का *डांस लाइक ए मैन*; जॉर्ज स्क्वायर थिएटर में अदिति मंगलादास, वगैरह। इस शोकेस ने हमें नेटवर्क बनाने, दुनियाभर के फेस्टिवल डायरेक्टर्स और वेन्यू क्यूरेटर्स से मिलने और उन्हें अपने किराए के अपार्टमेंट में कला समुदाय के लिए आयोजित वार्षिक डिनर में होस्ट करने में मदद की--इन सालों में, यह शहर में चर्चा का विषय बन गया और फेस्टिवल का सबसे ज़रूरी इवेंट बन गया। एक शाम की पार्टी में 150 से ज़्यादा लोगों को भारतीय खाना और फ्री बार देना अनसुना था। लेकिन हमारे लिए, यह भारतीय मेहमाननवाज़ी दिखाने का एक तरीका था, जिसमें मेरे असिस्टेंट शेफ़्स के रूप में पुनीता और हमारी टीमवर्क के साथी दिलीप, शरूपा, इला, वंदना, ध्रुव, राहुल बाली और राहुल सेन कटिंग और चॉपिंग में मदद कर रहे थे। साथ ही, डाना मैकलोड भी थीं, जो शहर में हर चीज़ के लिए हमारी भरोसेमंद इंसान थीं और इस दावत की तैयारी के लिए दोस्तों से बर्तन उधार लेने की ज़िम्मेदारी उन्हीं की थी। इन मौकों पर अचारी आलू, पोर्क सोरपोटेल, बीफ़ चिली, इमली और हल्दी वाले दही की ग्रेवी में सब्ज़ियाँ और सरसों और नारियल में मछली आम खाना होता था।

ये डिनर बहुत सफल रहे, जिनमें ऑस्ट्रेलिया, न्यूज़ीलैंड, सिंगापुर और लंदन से आए डायरेक्टर, एक्टर, फेस्टिवल हेड और आर्ट्स मैनेजर ने हिस्सा

लिया, जो शहर के सबसे अच्छे शो के रिव्यू शेयर करने आए थे। समय के साथ, इससे एक और भी बड़ा प्लान बना जिसमें सभी फेस्टिवल के सैकड़ों कलाकार शामिल थे, जिनमें एडिनबर्ग टैटू, एडिनबर्ग इंटरनेशनल फेस्टिवल, एडिनबर्ग इंटरनेशनल बुक फेस्टिवल, फेस्टिवल फ्रिंज और एडिनबर्ग फिल्म फेस्टिवल शामिल थे।

2002 तक, हम एडिनबर्ग की खास जगहों पर भारत की बेहतरीन परफॉर्मिंग और विज़ुअल आर्ट्स को दिखा रहे थे। हमने एडिनबर्ग इंटरनेशनल फेस्टिवल के मशहूर डायरेक्टर ब्रायन मैकमास्टर और ब्रिगेडियर मेल जेम्सन की मेज़बानी की, जो यह जानने के लिए भारत आए थे कि एडिनबर्ग टैटू के लिए क्या क्यूरेट किया जा सकता था। ब्रायन को अशर हॉल में पूरी रात भारतीय शास्त्रीय संगीत का कार्यक्रम करने का आइडिया बहुत पसंद आया, जिसमें पंडित हरिप्रसाद चौरसिया बांसुरी पर, उसके बाद हिंदुस्तानी शास्त्रीय गायिका श्रुति साडोलिकर, और आखिर में उस्ताद अमजद अली खान सरोद पर एक शाम से सुबह तक के कॉन्सर्ट में शामिल थे, साथ ही रॉयल लाइसियम थिएटर में तीन रातों तक भारतीय शास्त्रीय नृत्य की एक बड़ी प्रदर्शनी हुई, जिसमें कथक मास्टर बिरजू महाराज, भरतनाट्यम डांसर मालविका सरुक्कई, मशहूर कुचिपुड़ी तिकड़ी राधा, राजा और कौशल्या रेड्डी, भारती शिवाजी और विजयलक्ष्मी एक दुर्लभ मोहिनियाट्टम परफॉर्मेंस में और माधवी मुद्गल ओडिसी रूप में शामिल थीं।

2002 का एडिशन ज़बरदस्त कामयाब रहा, जिसमें सारे शो हाउसफुल थे, स्टैंडिंग ओवेशन और फाइव-स्टार रिव्यू मिले। उस्ताद अमजद अली खान, जिन्हें सुबह 3 बजे परफॉर्मेंस शुरू करना था, उन्हें चिंता थी कि कोई रुकेगा नहीं और वे हमें कागज़ की पर्चियां भेजते रहे, जिसमें रिक्वेस्ट थी कि उन्हें परफॉर्मेंस करने दिया जाए। जब सुबह हुई, तो खचाखच भरे ऑडिटोरियम में लोगों ने अपने कंबल हटा दिए और भारतीय शास्त्रीय संगीत परंपरा के तीन महान कलाकारों के लिए खड़े होकर तालियां बजाईं, जिन्होंने अपनी शानदार

परफॉर्मेंस से ज़्यादातर स्कॉटिश दर्शकों को मंत्रमुग्ध कर दिया था। लाइसियम थिएटर में, बिरजू महाराज की कलाई के सुंदर और मनमोहक घुमाव पर ज़ोरदार तालियां बजीं और मोहिनीअट्टम परफॉर्मेंस को खूब सराहा गया। इसमें डांसर ने सफेद और सुनहरे कपड़े पहने थे, और एडिनबर्ग के लिए यह एक नया अनुभव था। हम उस समय से बहुत आगे आ गए थे जब एक स्कॉटिश अखबार के डांस क्रिटिक ने मुझसे पूछा था, 'तो संजॉय, मुझे लगता है कि आप हमें दिखाएंगे कि भारतीय डांस के नाम पर अपने पैरों को सात अलग-अलग तरीकों से कैसे थपथपाते हैं!' इन क्रिटिक्स की नासमझी से झुंझलाकर, हमने उन्हें भारत इनवाइट किया ताकि वे हमारे डांस फॉर्म के सबसे अच्छे और सबसे बुरे रूपों का अनुभव कर सकें और इसकी फिलॉसफी और कला के बारे में जान सकें।

यह एक रोमांचक सफ़र था, जिसकी शुरुआत फ्रिंज ओपनिंग परेड में हमारे पहले हिचकिचाते कदमों से हुई, जिसमें अदिति मंगलादास एक खुली वैन के ऊपर कमल के फूल पर बैठी थीं। यह सब वहां के स्थानीय रईस मोहिंदर ढाल की वजह से संभव हुआ, जिन्होंने सालाना फेस्टिवल परेड में भारतीय हिस्से को ऑर्गनाइज़ किया था। अदिति के डांसर बहादुरी से उनके पीछे-पीछे चल रहे थे, बीच-बीच में रुककर कथक के स्टेप्स कर रहे थे, जिससे अदिति बहुत घबरा रही थीं, क्योंकि वह इस क्लासिकल डांस फॉर्म को स्टेज से सड़क पर लाने के बारे में सोचकर ही हैरान थीं। उन्होंने कहा कि उनके गुरु यह सोचकर ही डर जाएंगे। मेरा तर्क था कि वे यह देखकर गर्व महसूस करेंगे कि कैसे इस डांस फॉर्म को प्रिंसेस स्ट्रीट पर लाइन में खड़े हजारों लोगों ने अपनाया और सराहा। मेरे तर्क से पूरी तरह न सहमत होकर भी, उन्होंने ऐसे दर्शकों के सामने कथक को प्रमोट करना शुरू किया, जिन्होंने पहले कभी ऐसा कुछ नहीं देखा था; यह एक्ट बहुत सफल रहा और सालों बाद उन्होंने दुनिया भर के हर बड़े इंटरनेशनल फेस्टिवल में परफॉर्म किया।

भारत की विविधता को दिखाने का हमारा सपना हर साल बढ़ता गया। हमने एडिनबर्ग इंटरनेशनल फिल्म फेस्टिवल से संपर्क किया और शाहरुख खान को लाने का ऑफर दिया। फेस्टिवल मान गया और कहा कि वे उन्हें लोथियन रोड पर अपने थिएटर में प्रोग्राम करेंगे। मैंने मना किया और सुझाव दिया कि वे एक बड़ी जगह पर विचार करें क्योंकि लोथियन रोड थिएटर तुरंत बिक जाएगा। उन्होंने मना कर दिया, यह कहते हुए कि सीन कॉनरी, पियर्स ब्रॉसनन, जूडी डेंच, क्लिंट ईस्टवुड, एम्मा थॉम्पसन और अन्य बड़े सितारों को वहीं पेश किया गया था और वह जगह एकदम सही होगी। जिस दिन बुकिंग शुरू हुई, टिकट तीस मिनट में बिक गए और लंदन के *द टाइम्स* में सुर्खियां बनीं, जिसने रिपोर्ट किया कि टिकट ब्लैक मार्केट में 100 पाउंड प्रीमियम पर बेचे जा रहे थे। फेस्टिवल घबरा गया और प्रोग्राम को 400 सीटों वाली जगह पर ले गया और टिकटों की बिक्री प्रति व्यक्ति चार तक सीमित कर दी। ये भी तुरंत बिक गए। आखिरकार, उन्होंने हमें शहर के किनारे एक बड़े सिनेमा कॉम्प्लेक्स में भेज दिया, जहाँ चैनल फोर की भारतीय फिल्मों की क्यूरेटर नसरीन मुन्नी कबीर, शाहरुख के साथ बातचीत करने के लिए लंदन से आईं।

मैंने पुलिस को संभावित सुरक्षा चिंताओं के बारे में बताया था, लेकिन उन्होंने इसमें कोई खास दिलचस्पी नहीं दिखाई और उन्हें पता ही नहीं था कि शाहरुख कौन था। उनके लिए यह सोचना भी मुश्किल था कि किसी भारतीय फिल्म स्टार की वजह से हालात अनियंत्रित हो सकते थे। एडिनबर्ग आए फैंस एयरपोर्ट पर और वेन्यू तक जाने वाली सड़क पर लाइन लगाकर खड़े हो गए, चिल्ला रहे थे और शाहरुख की एक झलक पाना चाहते थे, जब वह एडिनबर्ग एयरपोर्ट पर उतरे। शुक्र है, भारतीय मूल के एक सीनियर पुलिस ऑफिसर ने, सुरक्षा की ज़रूरत को समझते हुए, दखल दिया और कमिश्नर को समझाया कि पुलिस सुरक्षा बहुत ज़रूरी थी। लेकिन पुलिस और प्राइवेट सिक्योरिटी तैनात होने के बावजूद, हमें शाम के डिनर में शाहरुख को चिल्लाने वाले फैंस

से बचाने के लिए टेबल की एक लाइन के पीछे बैरिकेड लगाना पड़ा और तब तक इंतज़ार करना पड़ा जब तक पुलिस ने होस्ट रेस्टोरेंट सुरुचि के बाहर जमा भीड़ को तितर-बितर नहीं कर दिया।

एडिनबर्ग और लंदन में रिवरसाइड स्टूडियो, साउथ बैंक सेंटर, इंटरनेशनल सेंटर फॉर द आर्ट्स, विक्टोरिया एंड अल्बर्ट म्यूज़ियम वगैरह में हमारे शो की लगातार सफलता के बाद, साइंस एंड टेक्नोलॉजी डिपार्टमेंट के जॉइंट सेक्रेटरी अमिताभ पांडे ने प्रस्ताव दिया कि हम भारत की वैज्ञानिक विरासत को याद करें, जिसमें उन ट्रायंगुलेशन इंस्ट्रूमेंट्स को दिखाना भी शामिल था, जिनका इस्तेमाल सर जॉर्ज एवरेस्ट ने हिमालय पर्वत श्रृंखला की चोटियों को मापने के लिए पहली बार किया था। सर जॉर्ज एवरेस्ट के नाम पर दुनिया की सबसे ऊंची चोटी का नाम रखा गया था। अमिताभ पांडे की सोच बहुत बड़ी थी, और हमने साइंस एंड टेक्नोलॉजी डिपार्टमेंट के साथ मिलकर जॉन की के दुनिया के सबसे ऊंचे पहाड़ों की मैपिंग पर लिखी किताब के नाम पर 'ग्रेट आर्क फेस्टिवल' बनाना शुरू किया। हाई कमिश्नर रोनेन सेन, उनके विद्वान और दार्शनिक डिप्टी, सत्यब्रत पाल, नेहरू सेंटर के नए नियुक्त डायरेक्टर, लेखक-निर्देशक-अभिनेता गिरीश कर्नाड, प्रेस मिनिस्टर नवदीप सूरी और उनकी प्यारी पत्नी मणि (जो बाद में हमारी दोस्त और समर्थक बन गईं), सभी फेस्टिवल की योजना को लेकर उत्साहित थे और इसे संभव बनाने के लिए हरसंभव मदद दी।

एडिनबर्ग में हमारी रिप्रेजेंटेटर डाना मैकलोड थी और किसी भी सलाह, स्थानीय जानकारी और इमरजेंसी के लिए वही हमारी गो-टू पर्सन थीं। 2002 में, जिस साल हीथ्रो में लिक्विड टेरर अटैक हुआ था, हमारी फ़्लाइट शटडाउन के बीच में लैंड हुई थी। हमें सामान के बिना ही गैटविक ट्रांसफर कर दिया गया और चेक-इन पर कोई कैरी-ऑन बैग ले जाने की इजाज़त नहीं थी। हमारे चेक-इन लगेज में 27 बैग्स थे, जिनमें दादी पुदुमजी के ट्रांसपोज़िशन के लिए

प्रॉप्स और कठपुतलियाँ शामिल थीं। उन 27 बैग्स में से सिर्फ़ एक बैग बैगेज कैरोसेल पर आया। उस मुश्किल समय में डाना ने हमें कुछ कैश दिया और उन अपार्टमेंट्स तक पहुँचाया, जो हमने अपने ट्रूप को ठहराने के लिए बुक किये थे। हर रोज हम अपना सामान ढूंढने की उम्मीद में एयरपोर्ट के चक्कर लगा रहे थे, लेकिन बात नहीं बनी। हमें रोज अपने शोज कैंसिल करके, टिकट रिफंड करने पड़ रहे थे। इससे दर्शक भी निराश थे। आखिरकार, हताश होकर, मैंने लंदन, होम ऑफिस में कार्यरत मेलिसा डी'मेलो को फोन किया, और उनसे अपने बैग ट्रैक करने की सिफारिश की। इस बीच, डाना ने बीबीसी को फोन किया और उन्होंने अपने शो *न्यूज़ऑवर* में एक स्टोरी की। इसे जादू ही कहा जाएगा कि अगले ही दिन उन्हें, एडिनबर्ग एयरपोर्ट पर लैंड होने वाले एक दोस्त ने फोन करके बताया कि बैगेज कैरोसेल पर अजीब आकार के कई बैग घूम रहे थे, जिन पर हमारे नाम लिखे थे और हमें उन्हें जल्द से जल्द ले लेना चाहिए। अपने खोए हुए सामान को लेने के लिए हम तुरंत भागे और आखिरकार उस शाम शो शुरू हुआ।

डेना ने हमारे लिए जितने भी घर ढूंढे, उनमें सबसे दिलचस्प 1 मीडो प्लेस वाला था। यह एक पुराना चर्च था जिसे योगा सेंटर में बदल दिया गया था और जो योगा वर्कशॉप के बीच हमारे लिए रिहर्सल स्पेस का भी काम करता था। इससे जुड़ा एक घर था, जिसका अपना एंट्रेंस 12 रोज़नेथ प्लेस से था। यह ट्रांसपोज़िशन पपेटियर्स और नृत्यग्राम डांसर्स के रहने के लिए एकदम सही था, जो स्कॉटलैंड के नेशनल सेंटर फ़ॉर डांस के डांस बेस में परफ़ॉर्म कर रहे थे। पिछले कुछ सालों में, आर्टिस्टिक डायरेक्टर मोराग डेयेस ने एक शानदार संस्था बनाई थी। ये एक मॉडर्न बिल्डिंग थी, जिसकी कांच की छतों से ऊपर ऊंचे एडिनबर्ग कैसल को देखा जा सकता था। यह फेस्टिवल में डांस परफॉर्मेंस देने के लिए सबसे प्रतिष्ठित जगह थी।

बिजोयिनी, लिन, शरूपा, पुनीता और मैंने घर की सबसे ऊपरी मंज़िल के कमरे लिए और एक टॉयलेट शेयर किया, और बाकी लोगों ने अलग-अलग लेवल पर बने बेडरूम शेयर किए, जिनमें नीचे की मंज़िल पर एक लाइन में कॉमन बाथरूम और टॉयलेट की सुविधा थी। खाना बनाने और मेहमानों की खातिरदारी के लिए एक बहुत बड़ा किचन था। घर बहुत बड़ा था, और हम सभी आराम से उसमें रह सकते थे। वो चर्च, जो अब योगा सेंटर बन गया था, और उसके साथ वाला घर एक वीरान जगह थे, जहां लोगों की इतनी आवाजाही नहीं होती थी। पर अब देर रात की पार्टियों और सुबह की रिहर्सल से उन पुरानी आत्माओं को परेशानी हुई होगी, जो पत्थर की दीवारों और लकड़ी के तख्तों के बीच की दरारों और जगहों में रहती थीं।

शुरू में, सबकुछ शांत लग रहा था और कोई खास बुरी घटना नहीं हुई, न कोई चुड़ैल, न भूत, न बीन निघे या ग्लेस्टिग कहीं नज़र आ रहे थे। लेकिन जैसे-जैसे दिन हफ़्तों में बदलते गए, शायद आत्माएं हमसे तंग आ गई थीं और उन्हें शांति चाहिए थी, या शायद उन्होंने शरारत करने का फैसला कर लिया था। एक दिन, जल्दी-जल्दी तैयार होने की हड़बड़ी में, पुनीता ने घर की चाबियां फायरप्लेस के ऊपर शेल्फ पर रख दीं, और दरवाज़े से बाहर निकलते हुए मुझसे कहा कि मैं उन्हें उठा लूं; लेकिन जब मैं उन्हें लेने के लिए मुड़ा, तो वे गायब हो गई थीं। हमने हर जगह ढूंढा, फायरप्लेस के अंदर और चिमनी के ऊपर, कूड़ेदान में और फर्श की लकड़ियों के बीच, हर कोने-कोने में, लेकिन चाबियां कहीं नहीं थीं।

अगले दिन, ऊपर के टॉयलेट का इस्तेमाल करते समय, लिन ने अपना चूड़ीदार दरवाज़े के हुक पर टांगा, तो देखा कि उसका नाड़ा खींच लिया गया था। उसने हर जगह देखा, हमसे पूछा कि क्या हमने उसे लिया था या देखा था, लेकिन किसी को कोई अंदाज़ा नहीं था कि क्या हो रहा था।

ऐसी घटनाएँ रोज़ होने लगीं और हम लोग ऊपर के कमरों में कुछ भी छोड़ते समय सतर्क रहने लगे। आखिरकार, परेशान होकर पुनीता ने भूतों से घर की चाबियाँ वापस करने को कहा—उसने उन्हें डाँटा और बताया कि वह कितनी नाराज़ थी और उनका व्यवहार गलत और बदतमीज़ी वाला था! जैसा कि रॉय परिवार में हम सभी जानते हैं कि अगर पुनीता को गुस्सा आ जाए, तो आपको उसके रास्ते से हट जाना चाहिए। और देखो, चाबियाँ मेंटलपीस पर फिर से मिल गईं, साथ ही लिन के चूड़ीदार का नाड़ा भी जो ऊपर के टॉयलेट के फर्श पर मिला था। गायब होने की घटनाएँ बंद हो गईं और शांति छा गई। पुनीता का गुस्सा शांत हुआ और उसने भूतों को प्यार और रोशनी भेजी, उनके घर का इस्तेमाल करने के लिए धन्यवाद दिया और उनकी शांति भंग करने के लिए माफ़ी माँगी। मैंने उन्हें एक-दो शो में हमारे साथ शामिल होने के लिए बुलाया और कभी-कभी मेंटलपीस पर ब्रांडी का एक गिलास रख दिया। इसके बाद, घर में शांति बनी रही और *ट्रांसपोज़िशन* शो में एक डांसर और कठपुतली कलाकार मोनू को दरवाज़े के पीछे से झांककर डराने के अलावा, अन्य कोई घटना नहीं घटी।

जब भी आप एडिनबर्ग जाएं, तो वहां मिलने वाले कई अंडरग्राउंड घोस्ट वॉक और वॉल्ट टूर में से किसी एक को बुक करें। कुछ तो थोड़े अजीब होते हैं, जिनमें एक्टर लाल रंग के केप पहनकर मूर्तियों और कब्रों के पीछे से निकलकर विज़िटर को डराते हैं, लेकिन ज़्यादा हिस्टोरिकल टूर आपको एक ऐसा शहर दिखाते हैं जो एक ही समय में कई असलियतों और आयामों में रहता है, जिसका इतिहास हिंसक और नाटकीय है।

जैसे ही धुंध घिरती है और बादल तारों को छिपा देते हैं, बैगपाइप की डरावनी धुन सुनें जो सैकड़ों साल पहले गायब हुए एक जवान लड़के ने बजाई थी, या उस रट-ए-टैट-टैट की आवाज़ सुनें जो बिना सिर वाले ड्रमर ने, जिसे जासूसी के लिए फांसी दी गई थी, एडिनबर्ग कैसल की दीवारों पर मार्च करते हुए निकाली थी।

14

जहन्नुम–एक नारकीय सफ़र

येरुशलम

येरुशलम शहर की दीवारों के बाहर स्थित है हिन्नोम की घाटी। मध्ययुगीन काल में ये उन लोगों की शरणस्थली हुआ करती थी, जो सजायाफ्ता या समाज से बहिष्कृत थे। साथ ही यहां कुष्ठ रोगी भी रहते थे। शहरभर का कचरा यहां जमा होता था, और यह बीमारियों और मौत से भरा एक जीता-जागता नरक था। यहां अक्सर हैजा फैल जाता और हजारों लोगों को निगल लेता। यही वो नरक था, जिसे ग्रंथों में 'सबसे अंधेरी जगह' माना गया था, जहां 'पापियों' को उनके कर्मों की सजा मिलती थी।

येरुशलम का चारदीवारी वाला शहर दुनिया की सबसे आकर्षक जगहों में से एक है। अपने 3,500 साल के इतिहास में लगातार इस पर कब्ज़ा करने की कोशिश की गई, इसे राजा सोलोमन ने जीता था। इसके बाद इस पर कई हमलावरों ने शासन किया और इसके कुछ हिस्सों को नष्ट कर दिया, नबूकदनेस्सर II से लेकर साइरस महान तक, सिकंदर, टॉलेमी I, हेरोड, कॉन्स्टेंटाइन I और जस्टिनियन I से लेकर उमय्यद वंश के शासकों तक,

उसके बाद धर्मयुद्ध करने वाले और गॉडफ्रे ऑफ बौइलन, जब तक कि यह अय्यूबिद वंश के सुल्तान सलादीन के हाथों में नहीं आ गया। ईसाइयों ने अब्बासिदों से शहर को जीत लिया, लेकिन बाद में ममलुकों और ओटोमनों ने इसे फिर से जीत लिया।

हजारों सालों से, तीन धर्मों—यहूदी, इस्लाम और ईसाई—के लोग अपनी तीर्थयात्रा के हिस्से के रूप में यहाँ आते रहे हैं, जंगलों और रेगिस्तानों से होते हुए हजारों मील पैदल चलकर, पहाड़ों और नदियों को पार करके शाश्वत सत्य की तलाश करने और आशीर्वाद पाने के लिए। ये सफ़र बेहद मुश्किलों भरा होता था और अक्सर, वे मौसम की मार से या उन डाकुओं द्वारा मार दिए जाते थे जो कमज़ोर तीर्थयात्रियों को लूटते थे। शहर के खूनी इतिहास पर हावी रहने वाली लड़ाइयों में भी बहुत से तीर्थयात्रियों ने अपनी जान गंवाई थी।

शाम के डूबते सूरज की चमक, सफेद बलुआ पत्थर की दीवारों से टकराकर, हज़ारों आदमियों की चमकीली ढालों की तरह चमक रही थी, जो लड़ाई में जा रहे थे, और जिनके झंडे लड़ाई की दीवारों पर ऊंचे लहरा रहे थे। यह स्वागत से ज़्यादा जीत की निशानी लग रही थी। जाफ़ा गेट के दोनों ओर दौलत के आधुनिक स्मारक हैं: ऊंची दीवारों वाले मॉल, जिनमें साफ़-सुथरे रेस्टोरेंट हैं। यहां चारों तरफ टूरिस्ट ही नज़र आते हैं, जिनका मकसद बस अपने फ़ोन में यीशु के नक्शेकदम पर अपनी रोमांचक यात्रा को कैद करना होता। अपने चारों ओर हुए खून-खराबे, लूटपाट, सत्ता और निराशा के इतिहास से उन्हें कोई फर्क नहीं पड़ता। जैसे ही आप गेट से अंदर आते हैं और धुले कपड़ों से पटी बालकनी वाली पतली गलियों से गुज़रते हैं, खुशबूदार हुक्के, मसालेदार कबाब और अरबी कॉफी के साथ पूर्वी मिठाइयों की महक आपके होश उड़ा देती है।

आप आर्मेनियन क्वार्टर में घूम सकते हैं, कोशर यहूदी रेस्टोरेंट के पास से गुज़र सकते हैं, कॉप्टिक, रशियन ऑर्थोडॉक्स, इथियोपियन और मुस्लिम

क्वार्टर वाली क्रॉस सड़कों पर जा सकते हैं, जहाँ बेतरतीब ढंग से कैफ़े और दुकानें एक के ऊपर एक बनी हैं, जिनमें आधी छिपी हुई सीढ़ियाँ हैं जो कहीं नहीं जातीं और दीवारों में दरारें हैं जो सदियों पहले पहाड़ी में बनी भूमिगत गुफाओं और रास्तों को दिखाती हैं, जिससे प्राचीन ग्रंथों से भरे गुप्त कमरों की संभावना बनती है; और आप हैरान होंगे कि कोई भी इंसान, चाहे भगवान हो या इंसान, 3,500 सालों में इंसानियत के सफर की पॉलिटिक्स और हिस्ट्री को कैसे सुलझा सकता है। कौन सा राष्ट्रपति इस सामूहिक जटिलता और जुनून का समाधान दे सकता है? कौन जानता होगा कि समय के ताने-बाने में एक गाँठ को कैसे खोला जाए और उन लाखों धागों को कैसे सीधा किया जाए जो इसे दुनिया के सबसे महान शहरों में से एक बनाते हैं, जिसे इतने सारे सम्राटों और शासकों ने जीतना, कब्ज़ा करना, नष्ट करना, फिर से बनाना या अनुभव करना चाहा है?

2011 में, मुझे एंबेसडर नवतेज सरना का फ़ोन आया, जो भारत के विदेश मामलों के प्रवक्ता रह चुके थे और भारत की स्मार्ट पावर का इस्तेमाल करना चाहते थे। उन्होंने एक ऐसे फेस्टिवल की कल्पना की थी जो अजूबों से भरा हो, और इज़राइल में भारत और हिप्पी कल्चर की झलक दिखाए। कोविड से पहले, लगभग 60,000 इज़राइली हर साल अपनी अनिवार्य सेवा कार्यक्रम के हिस्से के तौर पर सेना में ट्रेनिंग के बाद भारत आते थे। दो साल की ज़बरदस्त दिमाग सुन्न कर देने वाली ट्रेनिंग का मकसद उनकी आत्मा से हमदर्दी को खत्म करना था, जैसा कि हमने गाज़ा में चल रहे नरसंहार में इज़राइली सैनिकों द्वारा किए गए भयानक कामों में देखा है। ट्रेनिंग के बाद, वे ज़बरदस्त दबाव और अनुशासन से भागकर एक प्राचीन दर्शन की तुलनात्मक कोमलता का आनंद लेने के लिए गोवा, कुल्लू और मनाली के साथ ही भारत के अन्य स्थलों पर आते थे।

येरुशलम को एक्सप्लोर करने के लिए, मैं तेल अवीव गया ताकि वहाँ के वाइब्रेंट परफ़ॉर्मिंग और विज़ुअल आर्ट्स सीन, सुज़ैन डेलल सेंटर फ़ॉर डांस

एंड थिएटर की डाइनैमिक डांस कंपनियाँ, उसके आस-पास की डिज़ाइन और आर्ट गैलरी, कैमेरी थिएटर, जाफ़ा क्लॉक टावर जहाँ भेड़ के मांस का सबसे अच्छा स्टफ़्ड शोल्डर मिलता है, सिनेमाथेक, तेल अवीव पोर्ट एरिया जिसे डिज़ाइन डिस्ट्रिक्ट के तौर पर दोबारा बनाया गया है और शहर के कई पब्लिक और प्राइवेट म्यूज़ियम देख सकूँ।

तेल अवीव से येरुशलम तक का सफ़र परेशान करने वाला था। कंक्रीट की कठोर दीवारें फिलिस्तीनी इलाकों को इज़राइल से अलग करती थीं। इनके ऊपर कांटेदार तारों के गुस्से वाले मेडुसा जैसे सिर थे, जो उन कंसंट्रेशन कैंप की याद दिलाते थे जहाँ यहूदियों को बंद किया गया था। हमारे ड्राइवर ने बताया कि जिन घरों की छतों पर सफेद सिंथेटिक पानी की टंकियां थीं, वे यहूदियों के थे, जबकि जिन पर काली थीं, वे फिलिस्तीनियों के थे। भारी सुरक्षा वाले चेकपॉइंट ने उन लोगों को कैद कर रखा था जिनके पास बहुत कम नागरिक या मानवाधिकार थे और जिन्हें रोज़ाना अपमान का सामना करना पड़ता था। उनकी नौकरियों और मेडिकल मदद तक बहुत कम पहुँच थी और अक्सर उन्हें गोली मार दी जाती थी या गिरफ्तार कर लिया जाता था और उत्पीड़न का विरोध करने या असहमति जताने पर 'पीटा जाता था'।

न्यू येरुशलम किसी भी छोटे यूरोपियन शहर से अलग नहीं था, जिसमें कई मंज़िला होटल और बिज़नेस सेंटर थे, चौड़ी सड़कें और ठीक-ठाक ट्रैफिक था जो शांत इलाकों की ओर जाता था। वहां ऊँची दीवारों और गेटों से छिपे दो मंज़िला घर थे, जो मानो अपने ही राज़ छिपाए हुए थे।

जैसे ही आप मिशकेनोट शा'आनानम, येरुशलम के इंडिया इंटरनेशनल सेंटर (IIC) की ओर बढ़ते हैं, तो आप एक अजीब सी डच-स्टाइल की पवनचक्की देखते हैं, जिसे 1857 में सर मोसेस मोंटेफियोर ने फिलिस्तीन के यहूदियों को आत्मनिर्भर बनाने में मदद करने के लिए एक आटा चक्की के रूप में बनवाया था। दुख की बात है कि यह कोशिश सफल नहीं हुई क्योंकि

उस इलाके में हवा वाले दिन कम थे और पवनचक्की 1930 के दशक में ब्रिटिश शासन के तहत बहाल होने से पहले ही खंडहर बन गई थी। 1948 के गृहयुद्ध के दौरान, यहूदी प्रतिरोध ने इसके ऊपर एक वॉचटावर बनाया, जिसे अंग्रेजों ने यह कहते हुए गिरा दिया कि यह सुरक्षा के लिए खतरा था। ऐसा करने की कोशिश को स्थानीय लोगों ने 'ऑपरेशन डॉन क्विक्सोट' नाम दिया। जब रैम्सगेट, इंग्लैंड की एक रेजिमेंट के सैनिक किले की दीवारों पर पहुँचे और उन्होंने उस पट्टिका को पढ़ा जिस पर मोंटेफियोर का नाम लिखा था, जो उनके ही शहर के रहने वाले थे और स्पॉन्सर थे, तो उन्होंने अपने आदेशों को फिर से समझा और सिर्फ़ ऑब्ज़र्वेशन टावर को उड़ा दिया। 2012 में, मिल को पूरी तरह से रिस्टोर किया गया और अब यह एक म्यूज़ियम है, जो सेंटर के एंट्रेंस को दिखाता है।

एक घुमावदार पक्की सड़क आपको मिशकेनॉट के गेट तक ले जाती है, जो शहर की दीवारों के बाहर बनने वाली पहली इमारत थी, जिसे यहूदा टौरो द्वारा सर मूसा मोंटेफियोर को दिए गए दान से संभव बनाया गया था। यह बिल्डिंग, जिसे बेथलहम के अरब ईसाइयों द्वारा निकाले गए यरूशलेम पत्थर से बनाया गया था, उसे आर्किटेक्ट डब्ल्यू.आर. स्मिथ ने डिज़ाइन किया था। लाल टाइलें मार्सिले से मंगवाई गई थीं और सजावटी लोहे के मेहराब और ग्रिल मोंटेफियोर के अपने गृहनगर रैम्सगेट से मंगवाए गए थे।

सोलह अपार्टमेंट, जिनमें से प्रत्येक में दो कमरे और एक रसोईघर था, 1861 तक पूरे हो गए थे, साथ ही दो पूजाघर भी, एक अशकेनाज़ी यहूदियों के लिए और दूसरा सेफ़ार्डिक यहूदियों के लिए, और एक कुआँ भी था जिसमें एक छोटा हैंडपंप लगा था। यह सब 6,000 पाउंड स्टर्लिंग की शाही लागत पर बनाया गया था। इमारत के केंद्र में, पत्थर के अग्रभाग के ऊपर लिखा था: *'मिशकेनॉट शा'अननिम की स्थापना परोपकारी यहूदा टौरो द्वारा वसीयत में दिए गए पैसे से की गई थी, उनकी आत्मा स्वर्ग में आनंदित हो।'*

जब ये कॉलोनी बनकर तैयार हो गई, तो परिवारों को वहाँ जाने के लिए राज़ी करने में थोड़ा समय लगा, क्योंकि वे पुराने शहर को छोड़ने के लिए तैयार नहीं थे। जो कुछ लोग गए भी, वे दिन में आते थे और शहर के दरवाज़े बंद होने से पहले रात में चले जाते थे। पुराने शहर की सड़क खतरनाक थी और बस्ती और उसके यहूदी निवासियों को लूट से बचाने वाले एक निवासी की हत्या कर दी गई थी। ओटोमन साम्राज्य की हार ने स्थानीय आबादी को यहूदियों के खिलाफ़ कर दिया और हजारों लोगों को देश निकाला दे दिया गया या भागने के लिए मजबूर किया गया और दूसरों ने तुर्की सेना में भर्ती होने से बचने के लिए फिरौती दी। टाइफाइड ने भी कहर बरपाया, जबकि खाने-पीने की चीज़ों की कमी हो गई और टिड्डियों के झुंड ने पूरे देश पर हमला कर दिया। 1917 में येरुशलम की लड़ाई के दौरान, मिशकेनोट के निवासियों ने पुराने शहर में शरण ली और ऐसा करके वे बच गए, क्योंकि अंग्रेजों ने पवित्र स्थलों पर बमबारी न करने का फैसला किया था।

1966 में, येरुशलम के तत्कालीन मेयर और येरुशलम फाउंडेशन ने इमारतों को कला केंद्र के रूप में बहाल करने का आदेश दिया, और 1973 में यह जगह दुनिया भर के कलाकारों और क्रिएटिव लोगों के लिए रहने और कुछ नया करने, अपनी विशेषज्ञता साझा करने और अपने इज़राइली समकक्षों के साथ विचारों का आदान-प्रदान करने के लिए खोल दी गई। यहीं पर हमें इज़राइल में फेस्टिवल ऑफ़ इंडिया के दौरान अपनी नई पहल, 'वड्र्स ऑन वॉटर' की संयुक्त रूप से मेज़बानी करनी थी।

जब मैं मिशकेनोट पहुँचा, तो शाम का समय था और डूबते सूरज की रोशनी ने येरुशलम की पत्थर की दीवारों पर एक नरम सुनहरी आभा बिखेर दी थी, जिसके ऊपर डोम ऑफ़ द रॉक का सुनहरा गुंबद था। घाटी में दूर कहीं, एक रॉक कॉन्सर्ट शुरू हो रहा था। जहन्नम को बहुत पहले ही एक

पार्क और मनोरंजन क्षेत्र में बदल दिया गया था, जहाँ कॉन्सर्ट और सांस्कृतिक कार्यक्रम होते थे।

जिस सुइट में मैंने चेक-इन किया था, वह सादगी भरा था। उसमें लैंप से रेत के पत्थर की दीवारों पर गर्म रोशनी पड़ रही थी और बिस्तर साफ सफेद चादरों से ढके हुए थे। अनजान जगह पर सोना मेरे लिए हमेशा मुश्किल होता है। मेरा एक रूटीन है जिसमें सोने से पहले कमरे के अंदर और बाहर जितनी हो सके उतनी लाइटें बंद करना शामिल है। ऐसा करने के बाद, मैं साइमन सेबाग मोंटेफियोर की *येरुशलम: द बायोग्राफी* लेकर बैठ गया, जो इतिहास, सभ्यता और धर्म की जटिलताओं को समझने की इच्छा रखने वाले किसी भी व्यक्ति के लिए एक ज़रूरी किताब है। थोड़ा पढ़ने के बाद, मैंने अपना बेडसाइड लैंप बंद किया, अपना आई मास्क पहना और अपने सिर पर एक तकिया रखा, यह उम्मीद करते हुए कि मेरे दिमाग को यह समझ आ जाए कि सोने का समय हो गया था। नज़ारों और गंधों से अभिभूत, मुझे शांत होने की ज़रूरत थी और मैंने अपनी दिल की धड़कन को कंट्रोल करने के लिए कुछ ब्रीदिंग एक्सरसाइज की, जिसके बाद एक छोटा मेडिटेशन किया जो मुझे सोने में मदद करता।

हवा में सन्नाटा था। पत्थर की दीवारें भी, जो एयर-कंडीशनिंग से 18 डिग्री सेल्सियस के आरामदायक तापमान पर ठंडी हो गई थीं, अपनी साँस रोके हुए लग रही थीं। आधी-नींद की हालत में, मैं सोच रहा था कि मैं जागा हुआ था या सोया हुआ, तभी मुझे अनगिनत आत्माओं का सामूहिक दर्द और दुख महसूस हुआ, जो पत्थर की दीवार की दरारों से रिस रहा था, जहाँ वे फँसी हुई थीं, वे मेरी तरफ बढ़ रही थीं, मेरे टखनों और कलाइयों को घेर रही थीं, उनके टेंटेकल्स मेरी गर्दन के चारों ओर लिपट रहे थे, जिससे मुझे उल्टी जैसा महसूस हो रहा था।

मेरी आँखें अंधेरे में खुलीं। मैंने हिलने-डुलने, अपना आई मास्क हटाने और तकिया फेंकने की कोशिश की, क्योंकि उस पल के डर ने मेरे शरीर की हर कोशिका को अलर्ट कर दिया था। मैंने पीछे हटने की कोशिश की, मेरी मांसपेशियाँ तन गईं, लेकिन अब मैं नीचे दब गया था और ऐसा लग रहा था कि कोई चीज़ मुझ पर हावी हो रही थी। मेरे पूरे शरीर पर इतना दबाव था कि मुझे सांस लेने में भी दिक्कत हो रही थी; मेरे हाथ-पैर हिल नहीं रहे थे, मेरा दिमाग घबराहट से सुन्न था, एक चीख मेरे गले में जम गई थी। हर रोम से पसीना निकल रहा था, मैंने उठकर बिस्तर से नीचे उतरने की कोशिश की—कुछ भी करके उस मौजूदगी से दूर जाना चाहता था जो मुझ पर हावी हो रही थी, लेकिन मैं ऐसा नहीं कर सका। थककर, मैंने आखिरकार हार मान ली और महसूस किया कि वह मौजूदगी मेरे अंदर घुस गई और मेरे शरीर पर कब्ज़ा कर लिया, जब तक कि वह मेरे साथ एक नहीं हो गई। मैं डर गया था कि यह ऋषिकेश वाला अनुभव फिर से हो रहा था और मुझ पर फिर से किसी का साया आ गया था, या क्या मुझे दिल का दौरा पड़ रहा था, क्योंकि मेरे सीने पर बहुत ज़्यादा दबाव था?

किसी तरह, मैं आखिरकार बिस्तर से कूदा, लाइट स्विच ढूंढा, और लड़खड़ाता हुआ लिविंग रूम में गया, मेरा दिल तेज़ी से धड़क रहा था। मैंने अपना बैग खोला और पवित्र चीज़ें निकालीं जो मुझे उस दिन चर्च ऑफ़ द होली सेपल्चर में पादरी से मिली थीं, और अपने बिस्तर के चारों ओर पवित्र जल छिड़का, पादरी द्वारा आशीर्वाद दिया हुआ क्रॉस और माला पहनी और यीशु और माँ मैरी की तस्वीर अपने तकिए के नीचे रखी--पूरे समय मैं *'नमः शिवाय नमः, नमो विष्णु, नमो नारायण, नमो नमः'* जप रहा था।

अगली सुबह, मैंने पुनीता को फोन किया और बताया कि क्या हुआ था और उससे कहा कि वह गुरुदेव से बात करे ताकि रात के अनुभव को समझ सके और मुझे बताए कि मुझे उस एनर्जी से छुटकारा पाने के लिए क्या कदम

उठाने होंगे जिसने मुझे अपने वश में कर लिया था। कुछ घंटों बाद, पुनीता ने वापस फोन किया और मुझे बैंगनी और सुनहरे रंग की रोशनी के बिम्ब से खुद को कवर के निर्देश दिए जो यात्रा के दौरान मेरी रक्षा करेगा क्योंकि मैं काली शक्तियों के प्रति संवेदनशील था। गुरुदेव ने कहा था कि मुझ पर एक अच्छी आत्मा, एक बुद्धिमान आत्मा, मूसा जैसी आत्मा का वास हो गया था, जो मुझे उन काली शक्तियों से बचाने के लिए थी जिन्हें मैंने आकर्षित किया था और मुझे चिंता नहीं करनी चाहिए। गुरुदेव ने कहा था कि मुझे कुछ पिछले कर्मों को खत्म करने और उस जगह को ठीक करने के लिए येरुशलम भेजा गया था। उन्होंने यह भी कहा था कि पुनीता मुझे एक गाइडेड मेडिटेशन करवाएगी और मुझसे कहा कि मैं हीलिंग एनर्जी लूं और बदले में, अपने हार्ट चक्र से उस क्षेत्र में फंसी कई आत्माओं को प्यार और रोशनी दूं। मूसा के मुझ पर वास करने के विचार पर मुझे विश्वास नहीं हो रहा था और मैं अविश्वास की स्थिति में था।

गर्म पानी से नहाकर तरोताज़ा महसूस करने के बाद, मैं ध्यान करने बैठ गया, फिर भी सोच रहा था कि इतने सारे लोगों में से मूसा ही मेरे पास क्यों आए थे। गाइडेड मेडिटेशन सेशन के बाद दिन के लिए तैयार होकर, मैं कमरे से बाहर निकला। सूरज निकल आया था, शहर की दीवारों पर सुनहरी रोशनी पड़ रही थी जो उसके गुंबदों और मीनारों से चमक रही थी। एक नया दिन शुरू हो गया था, जिसमें और भी रोमांच और खोज की संभावना थी, जब मैं हेरोड गेट से आगे बढ़ा और शहर की दीवारों के अंदर स्थित भारतीय धर्मशाला में गया, जहां कभी बाबा फरीद ध्यान किया करते थे।

जैसे ही मैं पुराने शहर की पुरानी गलियों से गुज़रा, मुझे पता था कि मुझे धीरे-धीरे चलना होगा, क्योंकि मैं उन बहुत से लोगों के सपनों और उम्मीदों पर चल रहा था जिन्होंने सदियों से खूनी लड़ाइयां और झड़पें झेलीं थीं, एक ऐसी लड़ाई जो अब भी खत्म होने का नाम नहीं ले रही है, क्योंकि हम लाचार

होकर चल रहे नरसंहार और इतने सारे मासूम लोगों की हत्या का खौफनाक मंजर देख रहे हैं।

हाल ही में, जब मैं इस चैप्टर के लिए मिशकेनॉट शा'आनानम के बैकग्राउंड पर रिसर्च कर रहा था, तो मुझे यह अजीब बात पता चली कि इस बस्ती का असली नाम केरेम मोशे था—यानी मूसा का अंगूर का बाग!

15

प्रेतात्मा

वलाडोलिड

सफेद कपड़े की हल्की फड़फड़ाहट से शायद मेरी नींद खुल गई थी; जब जेट-लैग वाला मेरा दिमाग फोकस करने की कोशिश कर रहा था, तो मुझे पता था कि बेडरूम और लिविंग एरिया को अलग करने वाले आर्चवे में कोई पर्दे नहीं थे। जैसे ही मेरी नज़र अंधेरे में एडजस्ट हुईं, मैंने देखा कि काजल में डूबी दो आँखें मुझे उत्सुकता से देख रही थीं। मैं इस अचानक आए मेहमान से शर्मिंदा होकर बिस्तर पर बैठ गया। मैंने मुस्कुराकर पूछा कि क्या वे हाउसकीपिंग से थे, और महसूस किया कि उस धुंधले चेहरे पर न तो नाक थी, न गर्दन, और न ही कोई पक्का आकार। जैसे-जैसे मैं इस घुसपैठिए की मौजूदगी को देखता रहा, मुझे पता चला कि उसके हाथ या पैर भी नहीं थे। किसी और हालात में, मैं चीखकर, बिस्तर से कूद जाता और डरते हुए लाइट की तरफ हाथ बढ़ाता। लेकिन दरवाज़े पर खड़ी वो आत्मा शांत और सुकून का भाव लिए थी, जिससे मेरी घबराहट शांत हो गई।

2004 में वलाडोलिड शहर के होस्पेडेरिया डेल कोलेजियो डे सांता क्रूज़ में एक ठंडी रात थी। यह स्पेन के सबसे पुराने यूनिवर्सिटी कॉलेजों में से एक कोलेजियो मेयर सांता क्रूज़ का एक ऐतिहासिक हिस्सा था, जिसे 1484 में कार्डिनल पेड्रो गोंजालेज डी मेंडोज़ा ने शुरू किया था। 1675 में बना होस्पेडेरिया उन पुराने स्टूडेंट्स के लिए था जिन्होंने कॉलेज में अपनी आठ साल की रेजिडेंसी पूरी कर ली थी, लेकिन एकेडमिक, चर्च या कानूनी अपॉइंटमेंट का इंतज़ार करते हुए उन्हें वलाडोलिड में रहना था।

उस दिन पहले, मैं मैड्रिड गया था और चामार्टिन से फास्ट ट्रेन लेकर, सिएरा डे गुआडारामा के बर्फ से ढके पहाड़ों से होते हुए, और सेगोविया के ऐतिहासिक शहर से गुज़रते हुए वलाडोलिड पहुँचा, जो पहले स्पेन की राजधानी थी। वलाडोलिड का इतिहास ग्यारहवीं सदी से ही समृद्ध रहा है, जब सांता मारिया डे ला एंटीगुआ चर्च और पुएंते मेयर पुल का निर्माण काउंट पेड्रो अंसुरेज़ ने करवाया था। पुरातत्विक खोजों से पता चलता है कि यह इलाका 200 ईसा पूर्व का है और इसका संबंध प्री-रोमन जनजातियों से है, जो इस इलाके में रहते थे। उन्हें वैले डेल लिड के नाम से जाना जाता था। 1208 तक इस पर मूरों का राज था, जब यह एक कल्चरल सेंटर और किंग अल्फोंसो VIII का दरबार बन गया। क्रिस्टोफर कोलंबस की मौत यहीं हुई थी; मशहूर स्पेनिश लेखक सर्वान्तेस यहीं रहते थे और कुछ समय के लिए गिरफ्तार भी हुए थे। उनकी क्लासिक रचना *डॉन क्विक्सोट* आज भी प्रासंगिक है; और फर्डिनेंड और इसाबेल की सगाई यहीं लॉस विवेरो के महल में हुई और उन्होंने कैस्टिल और ल्योन के राज्यों को मिलाकर स्पेनिश साम्राज्य की नींव रखी।

1478 में, फर्डिनेंड और इसाबेल ने स्पैनिश इनक्विजिशन की स्थापना की। यह एक ट्रिब्यूनल था, जिसने कन्वर्सोस यहूदियों को टारगेट किया जो ईसाई बन गए थे लेकिन उन पर शक था कि वे छिपकर अपने असली धर्म का पालन कर रहे थे, साथ ही प्रोटेस्टेंट मोरिस्को या मुस्लिम को भी, जो ईसाई बन गए

थे। उनका कबूलनामा कड़ी यातना के साथ लिया जाता था, जिसमें लोहे के मास्क, हाथ और पैर के स्क्रू और कीलों वाले ताबूत का इस्तेमाल किया जाता था। आपको तब तक प्रताड़ित किया जाता था, जब तक आप कबूल नहीं कर लेते या आप मर नहीं जाते। जो लोग धर्म-विरोध के दोषी पाए जाते थे, उन्हें सज़ा दी जाती थी और जला दिया जाता था।

सोलहवीं सदी के बीच तक, इनक्विजिशन ने वलाडोलिड और सेविले में प्रोटेस्टेंट समुदायों पर सख्ती बरती थी और रहस्यवादियों के एक समूह—अलुम्ब्राडोस—को उनके कथित विधर्मी विश्वासों और साहित्य के लिए सताया था, क्योंकि किताबों के ज़रिए विधर्मी विचारों का प्रसार प्रतिबंधित और वर्जित था।

मुझे गुइलेर्मो रोड्रिग्ज (एमो) ने आमंत्रित किया था, जो अपनी प्रतिभाशाली पार्टनर मोनिका डे ला फुएंते के साथ केरल में पढ़ाई करने के लिए भारत आए थे। मोनिका एक फ्लेमेंको डांसर थीं, जिन्होंने बाद में भरतनाट्यम सीखा। वे 1990 के दशक के आखिर में वलाडोलिड लौट आए और कासा डे ला इंडिया की स्थापना की, जो एक सांस्कृतिक और शैक्षिक संस्थान था, जिसने शहर और वलाडोलिड विश्वविद्यालय के साथ साझेदारी में भारतीय कला, संस्कृति और ज्ञान परंपराओं की खोज के माध्यम से भारत के साथ घनिष्ठ संबंध बनाने की कल्पना की थी।

वलाडोलिड ट्रेन स्टेशन से चलकर कासा डे ला इंडिया तक पहुंचा जा सकता था। इसकी लाल ईंटों की बाहरी दीवारें और गर्म लकड़ी का फर्श, जिसमें गहरे लाल रंग की रेशमी सजावट, फर्श के कुशन, कीमती कालीन और एक कांस्य गणेश की मूर्ति आपको भारतीय घर का एहसास कराती थी। ईंटों से बने आंगन का बाहरी हिस्सा पारंपरिक गुजराती लकड़ी की हवेली जैसा था, जिसमें एक बालकनी भी थी, जिसे अहमदाबाद शहर ने भारत से तोहफ़े के तौर पर भेजा था।

इस संस्था के लॉन्ग-टर्म पार्टनर के तौर पर, इमो कहते थे कि हम प्रोजेक्ट्स पर साथ काम करें और मेयर और वलाडोलिड के यूनिवर्सिटी पार्टनर्स से मिलें। साथ मिलकर, हमने भारत में सालाना स्पेनिश फिल्म फेस्टिवल होस्ट किया, आर्को—स्पेन के कमर्शियल आर्ट्स फेयर—के मौके पर पहला डिजिटल आर्ट प्रेजेंटेशन बनाया, और बार्सिलोना तक अपना दायरा बढ़ाया, जिसने हमारे पॉपुलर म्यूजिकल, *बॉलीवुड लव स्टोरी* को टिएट्रो विक्टोरिया में होस्ट किया, जहाँ यह हफ्तों तक हाउसफुल रहा।

कासा डे ला इंडिया से यूनिवर्सिटी वापस जाते समय, आप वलाडोलिड के सेंट्रल पार्क, कैम्पो ग्रांडे से गुज़रे, जहाँ मोर और मोरनी, होल्म ओक और कॉर्क ओक, पाइन, पोपलर, विलो और एल्डर के पेड़ थे, जिनकी पत्तियों से रहित डालियाँ नीले आसमान की ओर बढ़ रही थीं। पेरेंट्स यहाँ बच्चों को प्रैम में लेकर और बुज़ुर्ग ग्रे और काले कपड़ों में, बर्फ से ढके पहाड़ों से आने वाली ठंडी हवाओं से बचने के लिए झुके हुए इकट्ठा होते थे; छोटे बच्चे फुटपाथ पर खेलते थे जबकि जोड़े पार्क की बेंचों पर या मध्ययुगीन पानी के फव्वारे के पास रोमांस करते हुए एक-दूसरे की आँखों में देखते थे। आप सड़क पार करके पुराने शहर में पहुंचे, जो अपने कैस्टिलियन आर्किटेक्चर के लिए जाना जाता है, और सैन पाब्लो चर्च की ओर बढ़े, जिसका सामने का हिस्सा शानदार था और रंगीन कांच की खिड़कियां बहुत खूबसूरत थीं, फिर यूनिवर्सिटी स्क्वायर के पास से गुज़रे जहाँ कई शेरों की मूर्तियाँ थीं। इन मूर्तियों को गिनना अशुभ माना जाता है। इन्हें पार करके आप यूनिवर्सिटी के एंट्रेंस तक पहुंचते हैं। जैसे ही आप विशाल दरवाजों से सांता क्रूज़ पैलेस में दाखिल होते हैं, दाईं ओर चैपल देख सकते हैं, जिसमें ग्रेगोरियो फर्नांडीज द्वारा बनाई गई द क्राइस्ट ऑफ लाइट की प्रतिष्ठित मूर्ति थी, जो एक लाल टेपेस्ट्री के सामने रखी थी, जिसकी पसलियों, कंधों और घुटनों से खून टपक रहा था, जो सूली पर चढ़ाने की घटना की जीवंत नकल थी।

मुझे हमेशा नए शहर में जाना और वहां की आर्किटेक्चरल और ऐतिहासिक जगहों को देखना, नए पकवानों का स्वाद लेना और वहां की संस्कृति में डूब जाना बहुत दिलचस्प लगता है। वलाडोलिड के मेयर ने एक ऑफिशियल डिनर होस्ट किया था जो रात 9 बजे एक 150 साल पुराने रेस्टोरेंट में शुरू हुआ। वो रेस्टोरेंट अपने मीट के लिए मशहूर था। हैम का पहला राउंड कई तरह के स्टार्टर्स और टपास के साथ आया, और इसके बाद एक बड़े बर्तन में सूप परोसा गया जो एक बाथटब जितना बड़ा था; इसके बाद जैतून के तेल, लहसुन और रोज़मेरी में मछली का पूरा फिलेट आया, और उसके बाद आधा हाफ रोस्टेड पिग और लैम्ब आया, जिसका मांस हड्डी से अलग हो रहा था। हर डिश के साथ उस इलाके की मशहूर विंटेज कैस्टेलॉन रेड वाइन की एक बोतल थी। जब स्टेक का आखिरी कोर्स आया, तब आधी रात हो चुकी थी और मैं फ़ूड हैवन में जाने के लिए तैयार था। मुझे पता था कि अगर मैंने एक और निवाला भी खाया, तो मैं पक्का उल्टी कर दूंगा और इतनी बड़ी दावत को पचाने की कोशिश में पूरी रात सो नहीं पाऊंगा।

रात 2 बजे के बाद मैं लड़खड़ाता हुआ यूनिवर्सिटी क्वार्टर में वापस आया। पक्की सड़कों पर मुझे उन अनगिनत धर्मद्रोहियों के खून की गंध आ रही थी, जिन्हें शहर के चौक तक घसीटकर ले जाया गया था और मौत के घाट उतार दिया गया था। मैंने संभलते हुए पहली मंज़िल तक सीढ़ियाँ चढ़ीं और कोने वाले कमरे में चला गया, जिसके पत्थर के फर्श और दीवारों में 600 साल पुराना इतिहास गूँज रहा था। मैंने कार्बो वेज और इपेकैक का कॉम्बिनेशन लिया—एसिडिटी और ज़्यादा खाने के लिए होम्योपैथी दवाएँ—और जेटलैग और नशे में चूर होकर बिस्तर पर लेट गया। चादरें एकदम साफ़ और सफ़ेद थीं, तकिया बहुत मुलायम था, और मैं बिस्तर पर पड़ते ही गहरी नींद में सो गया।

सोते हुए भी मुझे इस बात का एहसास हुआ कि कमरे में कोई था, और मैंने अपनी आँखें खोलने और शराब से भरे दिमाग को अपने आस-पास की चीज़ों

पर फोकस करने की कोशिश की। जहाँ कुछ नहीं होना चाहिए था, वहाँ सफेद कपड़े की हल्की सरसराहट ने मेरा ध्यान खींचा, और मैं बिस्तर पर सीधा बैठ गया। वह मौजूदगी मुझे घूर रही थी और किसी भी तरह से दुश्मन जैसी नहीं लग रही थी। उसमें एक कोमलता का भाव था, जिससे मैं सहज हो गया। मैंने आखिरकार पूछा कि क्या मैं कोई मदद कर सकता था, लेकिन इसका कोई जवाब नहीं मिला, बस वह घूरता रहा।

मैंने उस आकृति को देखा, मुझे यकीन नहीं था कि यह कोई आदमी था या औरत। वह आत्मा जवान और शांत लग रही थी, जैसी मैंने पहले कभी नहीं देखी थी। उसमें कोई हिस्टीरिया, गुस्सा, सदमा या बात करने की जल्दबाजी नहीं थी, बस शांति से साथ रहने का एहसास था। मैंने उसके विचारों को समझने की कोशिश की और पाया कि मैं ऐसा नहीं कर सका। मुझे लगा कि क्या मैं सच में जागा हुआ था, और मैंने धीरे से अपनी उंगलियाँ अपने बालों में फेरते हुए सोचा कि मुझे आगे क्या करना चाहिए। मैंने बिस्तर के पास रखे लैंप की तरफ देखा और उसे जलाने के बारे में सोचा, लेकिन जब मैंने वापस देखा तो वह आकृति गायब हो गई थी, और भारी पर्दों से ढकी खिड़की पर फिर से दिखाई दी।

मुझे पक्का नहीं पता था कि कुछ मिनट हुए थे या ज़्यादा, जब मैंने लैंप जलाया और वह भूत गायब हो गया। मैंने एक गिलास पानी पिया—मेरा मुँह सूख गया था और वाइन की वजह से मेरा शरीर डिहाइड्रेटेड महसूस कर रहा था—मैं वापस बिस्तर पर गया और मैंने रहस्यवादियों के एक समूह का सपना देखा, जो एक धारा के किनारे इकट्ठा होकर खूबसूरती से गा रहे थे और अपने हाथों में लालटेन लिए एक पत्थर के पुल को पार कर रहे थे।

कई साल बाद, 2022 में, जब हमने जेएलएफ स्पेन लॉन्च किया, तो कई रिसेप्शन में से एक शहर से बहने वाली पिसुएर्गा नदी के किनारे आयोजित किया गया था: एक ऐसी नदी जिसकी मौजूदगी के बारे में मुझे पता नहीं था।

उसके ऊपर एक पत्थर का पुल बना हुआ था, जो इस क्षेत्र की शुरुआती इमारतों में से एक था। जब मैं अंतर्राष्ट्रीय संबंधों की इनचार्ज पालोमा कास्त्रो की मदद से शहर और विश्वविद्यालय के इतिहास पर रिसर्च कर रहा था, तो मुझे इंक्विजिशन के कुछ डिटेल्स मिले जिसमें रहस्यवादियों के एक समूह, एलुम्ब्राडोस के उत्पीड़न का वर्णन किया गया था, जो इस क्षेत्र में अभ्यास करते थे।

और मुझे वह पत्थर का पुल और लालटेन लिए हुए रहस्यवादी याद आए, जिन्हें मैंने उस रात अपने सपने में देखा था।

16

समुद्री लुटेरे

मालदीव

2020 में, शोभा डे ने हमें सोनू और ईवा शिवदसानी से मिलवाया, जो मालदीव और थाईलैंड में सोनेवा आइलैंड रिसॉर्ट्स के विजनरी ओनर्स हैं। इससे पहले, उन्होंने सिक्स सेंसेस स्पा चेन चलाई थी, जिसे बेचने से पहले उन्होंने मालदीव के आइलैंड ग्रुप के उत्तर-पश्चिम में कुछ आइलैंड में फिर से इन्वेस्ट किया था। उनका डिज़ाइन सेंस, प्रॉपर्टी पर सर्विस और अलग-अलग तरह के खाने का कोई मुकाबला नहीं था और वे रिसॉर्ट्स हॉस्पिटैलिटी में नबर वन हैं।

मालदीव में जेएलएफ होस्ट करने की संभावना की तलाश में, हम 2021 में माले पहुँचे, जब कोविड पेंडेमिक का दौर था। प्लेन से उतरते ही हमारा स्वागत सोनेवा टीम ने किया, जो हमें सीपोर्ट लाउंज में ले गई और खुशबूदार तौलिये, स्वादिष्ट कुकीज़, चॉकलेट, ताज़ा जूस और सैंडविच खिलाए। फिर हम सोनेवा सीप्लेन में सवार हुए और हमें समुद्र के पार ले जाया गया, जो छोटे-छोटे द्वीपों, एमराल्ड-ब्लू लैगून और ताड़ के पेड़ों से घिरे रेतीले सफेद बीचों से भरा था।

सोनेवा इंटरनेशनल एयरपोर्ट पर, हम एक फ्लोटिंग राफ्ट पर चढ़े जो विशाल पानी के बीच में धीरे-धीरे ऊपर-नीचे हो रहा था। वहाँ से हमें एक स्पीड बोट से रिज़ॉर्ट आइलैंड ले जाया गया, जिसमें दस मिनट लगे, यह कुछ हद तक उस दिन के मौसम पर निर्भर था। जैसे ही होस्ट टीम ने हमारे जूते और मोज़े इकट्ठा किए और लाइफ़ जैकेट पहनने में हमारी मदद की, हम जान गए कि यह अनुभव खास होने वाला था।

सोनेवा फुशी में सादगी और भव्यता का मेल है, जो अमूमन किसी भी रिज़ॉर्ट के लिए पाना मुश्किल है। इतने सालों में, यह आइलैंड बड़े बरगद के पेड़ों, लैंटाना और ताड़ के पेड़ों के साथ एक शानदार जंगल में बदल गया था, और इसमें प्लंज पूल, ओपन-एयर शावर, प्राइवेट बीच, स्पेशल चॉकलेट और आइसक्रीम रूम, चीज़, मीट और सलाद बार वाले विला थे, इसके अलावा कई रेस्टोरेंट भी थे जो कई तरह के ज़बरदस्त व्यंजन परोसते थे।

कोविड की स्थिति को देखते हुए, हमारे बटलर हमें हमारे अलग-अलग विला में ले गए, वायरस टेस्ट किया और अगले दिन टेस्ट के नतीजे आने तक वहीं रहने को कहा। हर विला में एक लिविंग एरिया, स्टडी, बेडरूम, पोर्च और बालकनी थी, जहाँ आप एक ग्लास वाइन के साथ आराम कर सकते थे और सूरज को उगते या डूबते हुए देख सकते थे और कोरल और रेत के टीलों में अद्भुत समुद्री जीवन को महसूस कर सकते थे। हैमरहेड शार्क, पैरट फिश और दर्जनों स्टिंग रे मछलियाँ थीं, और किसी खुशकिस्मत दिन एक बड़ा कछुआ अपने रोज़ के काम से ब्रेक के तौर पर आपके स्विमिंग पूल में पैडल मारने का फैसला कर सकता था। दिनभर साफ़ किए गए रेतीले रास्तों ने हमें अपने पैरों के नीचे की ज़मीन को महसूस करने दिया, इससे इतना सुकून मिला, जो दुनिया में बहुत कम दूसरी प्रॉपर्टीज़ में मिल सकता है।

क्योंकि हमारे विला बीच के एक ही हिस्से पर थे, इसलिए शरूपा, अंकुर और मैं मेरे शानदार सुइट में डिनर के लिए मिले और उसके बाद हम एकदम

सफेद किनारे पर घूमने-फिरने निकल पड़े। हम बेफिक्र और खुशकिस्मत महसूस कर रहे थे कि महामारी के बीच यह शानदार मौका मिला। रेत की हल्की चरमराहट, लहरें हमारे पैरों पर धीरे-धीरे टकरा रही थीं और अंधेरे में हजारों प्लैंकटन चमक रहे थे, यह सब एक जादुई और अलौकिक अनुभव था।

कमरे से बाहर निकलने से ठीक पहले, मैंने अपनी हैंडमेड काले लेदर की जनोटा जूतियाँ बेडरूम के दरवाज़े के ठीक अंदर रख दी थीं। हम बीच पर थोड़ा घूमकर आधी रात के आस-पास लौटे, तो पाया कि ये जूतियाँ गायब थीं। मुझे लगा कि शायद मैंने उन्हें कहीं और उतार दिया होगा, इसलिए अगली सुबह तक इस पर ज़्यादा ध्यान नहीं दिया। अगले दिन मैंने उन्हें अपने विला के हर कमरे में ढूँढा, लेकिन कोई फ़ायदा नहीं हुआ। चूँकि इस आइलैंड पर सिर्फ मेहमान और रिज़ॉर्ट का स्टाफ़ ही आ सकता था, इसलिए यह बात और भी हैरान करने वाली थी। अगले दिन, मेरे पर्सनल बटलर शिफ़ाज़ ने हर जगह जूतियों को ढूँढा, लेकिन कोई कामयाबी नहीं मिली। उस समय जनोटा, हाथ से बने स्लिप-ऑन बनने बंद हो गए थे, तो अब ये जूतियां सच में मेरे लिए बहुत कीमती थीं। वो ऊँट का नरम लेदर था, जिसे बहुत ध्यान से बनाया गया था, हाथ से पॉलिश किए, और क्योर किए हुए सोल और सामने लाल रंग की एक धार वाला कर्व: उन्हें खो देने का मुझे बहुत दुख हुआ।

उस शाम, अपने कमरे के बाहर समुद्र में रोज़ की तरह तैरने और अपने गर्म स्विमिंग पूल में डुबकी लगाने के बाद, मैंने अपने स्विमिंग ट्रंक को बड़े से खुले बाथरूम में लकड़ी के रैक पर सूखने के लिए रख दिया, जिसमें एक पैडलिंग पूल, एक आउटडोर और इनडोर शॉवर और एक शानदार बाथटब था। अगली सुबह, जब मैं उठा तो मैंने अपने स्विमिंग ट्रंक को वेडिंग पूल के दूसरे छोर पर पाया, जिसकी डोरी हटा दी गई थी। मुझे लगा कि यह किसी शरारती कौवे या सीगल की वजह से हुआ होगा और मैंने इस पर कोई ध्यान

नहीं दिया। लेकिन आइलैंड छोड़ने के बाद भी, मैं शिफ़ाज़ से अपनी जूतियों के बारे में पूछता रहा, जो हमेशा के लिए गुम हो गई थीं।

सोनेवा में जेएलएफ के दो शानदार एडिशन हुए; फेस्टिवल में दुनिया के कुछ बेहतरीन राइटर और म्यूज़िशियन शामिल हुए और सबसे ज़बरदस्त व्यंजन परोसा गया। ओपन-एयर सिनेमा पैराडिसो में तारों के नीचे फ़िल्म स्क्रीनिंग, सराउंड साउंड और उन फ़िल्मों से प्रेरित रेसिपी वाली दावत सच में यादगार थीं। हमने *मानसून वेडिंग, स्लमडॉग मिलियनेयर* और *कॉल मी बाय योर नेम* देखी थीं। आउट ऑफ़ द ब्लू में सीफ़ूड और फ्रेश फ्रॉम द गार्डन में मिशेलिन-स्टार शेफ़ द्वारा तैयार ऑर्गेनिक डिशेज़ बेमिसाल थीं, खासकर जब एस्ट्रोफिजिसिस्ट प्रियंवदा नटराजन की बातचीत और ऑब्जर्वेटरी दौरे के साथ इसे जोड़ा गया हो। अरुण पुरी के शब्दों में, 'यह सच में तन, मन और आत्मा की जन्नत थी!'

क्योंकि हम आइलैंड को अच्छी तरह जानते थे और अपनी कई विज़िट में अलग-अलग विला में रुके थे, इसलिए यह थोड़ा अजीब लगा जब फेस्टिवल के लिए चेक-इन करने के बाद, मुझे हमारे लिए तय विला में रातभर अजीब सी बेचैनी महसूस हुई। पुनीता ने इसका कारण बिस्तर को बताया और महसूस किया कि शायद यह बहुत नरम था या गद्दा हमें सूट नहीं कर रहा था। बटलर ने तुरंत इस पर ध्यान दिया और गद्दा बदलवाया। उसने गद्दे के नीचे एक हार्डबोर्ड भी रखवाया, पर फिर भी भारीपन और बेचैनी का एहसास बना रहा। ज़्यादातर रातों की तरह करवटें बदलते हुए, मैंने सपने में देखा कि समुद्री डाकू संकट में फंसे जहाजों पर चढ़ रहे थे, तलवारें आपस में टकरा रही थीं, बारूद की गंध आ रही थी, और लुटेरे व्यापारियों और नाविकों पर हावी होकर जानलेवा लड़ाई लड़ रहे थे। सपने के बीच में ही मेरी आँख खुल गई और मैं इस उम्मीद से बालकनी में गया कि समुद्र की आवाज़ से मेरे धड़कते दिल को राहत मिलेगी। लहरों की आवाज़ मुझे बहुत पसंद है, लेकिन उस वक्त ये भी काम नहीं आया।

हमारे खूबसूरत विला में एक भारीपन सा भर गया था, और एक रात यह और भी बढ़ गया जब बाहर टॉयलेट जाते समय, मैं गहरे पत्थर के बाथटब में गिर गया, मेरे पैर में चोट लग गई। मेरा बाकी का समय वहां लंगड़ाते हुए गुजरा।

अगली सुबह, जब हम इंडियन बायोकेमिस्ट और एनवायरनमेंटलिस्ट प्रणय लाल की बातें सुन रहे थे--जिनकी किताब *इंडिका* सबकॉन्टिनेंट के गहरे नेचुरल हिस्ट्री के बारे में है--जिसमें मालदीव के आइलैंड ग्रुप और उसके 1,200 से ज़्यादा कोरल या सैंडबैंक आइलैंड के बनने का ज़िक्र है, मैंने अपनी बेचैनी ईवा के साथ शेयर की। ईवा ने बताया कि आइलैंड के उस हिस्से को, जहाँ हम इस बार रुके थे, कभी समुद्री लुटेरे कब्रिस्तान की तरह इस्तेमाल करते थे और उसे और सोनू को भी कभी-कभी एक तरह की नेगेटिव एनर्जी महसूस हुई थी और रिज़ॉर्ट बनने के दौरान भी वहाँ कुछ अजीब घटनाएँ हुई थीं।

नेगेटिव एनर्जी को पहचानने और आत्माओं से जुड़ने की मेरी काबिलियत ने मुझे अक्सर अजीब स्थिति में डाला है। एक दोस्त के नए बने घर में जाते हुए, मुझे उनकी शानदार फ्लोटिंग मार्बल सीढ़ियों के नीचे की एनर्जी कुछ ठीक नहीं लगी। उनके किचन गार्डन में भी सब ठीक नहीं था। कुछ साल बाद, जब परिवार के साथ कोई दुखद घटना घटी, तो मैंने बिना माँगे सलाह दी कि इस समस्या को हल करने के लिए क्या करना चाहिए: हर समय एक दीया जलाकर रखें, और किचन गार्डन को हटा दें, क्योंकि उसे कब्रिस्तान में लगाया गया था।

केआरसी के शुरुआती सालों में, मुझे हर हफ़्ते होने वाले रविवार के मेडिटेशन सेशन में हिस्सा लेने वालों के लिए दूसरी दुनिया से संदेशे मिलते थे, जिनमें हम रेगुलर जाते थे; मैं इन संदेशों को उन लोगों के साथ शेयर नहीं कर पा रहा था, क्योंकि मैं समझ नहीं पा रहा था कि वो लोग इन संदेशों पर कैसे रिएक्ट करेंगे। जब मैंने अपनी इस दुविधा पर पुनीता और उर्मिला से बात की, तो उन्होंने कहा कि इन संदेशों को पहुंचना मेरी ज़िम्मेदारी थी और इसे बिना एडिट किए आगे बढ़ाना था। मैं अब भी ऐसा करने के लिए खुद को तैयार

नहीं कर पाया। आप किसी इंसान को कैसे बता सकते हैं कि उसे हार्ट अटैक आने वाला है, या, किसी और मामले में कि उस इंसान को कैंसर है और उसे तुरंत मेडिकल मदद की ज़रूरत है? मैं अक्सर असली मुद्दे से भटक जाता था और कुछ बेकार के सवाल पूछता था, जैसे 'क्या तुम ठीक हो?' या 'तुमने अपना आखिरी चेक-अप कब करवाया था?' और 'शायद तुम्हें अपने डॉक्टर के पास जाना चाहिए?' जैसा कि हुआ, दोनों ही लोग मुझसे ज़्यादा समझदार थे और दूसरी दुनिया से आए मैसेज को ज़्यादा मानते थे—वे अपने चेकअप के लिए गए, जिससे समय रहते मेडिकल मदद मिली।

सोनेवा में हमारी रेकी की दूसरी शाम को, हमने एक कपल और उनकी बेटी के साथ ड्रिंक्स के लिए मुलाकात की जो छुट्टी पर थे और हमारी ही फ़्लाइट में थे। एक ग्लास वाइन पीने के बाद, उस महिला के लिए मेरे पास मैसेज आने लगे, जिन्हें मैंने उन तक पहुँचाया, जिससे वह कपल बहुत हैरान हुआ। उन्हें यह समझने में थोड़ा समय लगा कि मैंने उनके गैर-हाज़िर बेटे के साथ उनके रिश्ते और पेरेंट्स के तौर पर उनके बहुत ज़्यादा गिल्ट और नाकाबिलियत के बारे में क्या कहा। इसका नतीजा यह हुआ कि उनके लिए रात काफ़ी उथल-पुथल वाली रही क्योंकि वे उन अंदरूनी मसलों से जूझ रहे थे जिन पर उन्होंने बात नहीं की थी। हालाँकि मुझे मैसेज आते रहते हैं, फिर भी मैं उन्हें उन लोगों के साथ शेयर करने में झिझक महसूस करता हूँ जिन्हें ये मैसेज मिलने वाले थे।

पुनीता और मैं हमेशा खुशकिस्मत रहे हैं कि हमें अपने दोस्तों और परिवार का साथ और सपोर्ट मिला है और हमारे स्पिरिट गाइड्स की सुरक्षा मिली है जो हमारी ज़िंदगी का अहम हिस्सा रहे हैं। हमारी पहली बिल्ली पृथ्वी (जिसे प्यार से पुड्डी कहते हैं) कोविड के दौरान आई, उसकी माँ उसे हमारे बैकयार्ड में छज्जे पर छोड़ गई थी। समय के साथ, हमने उसे मनाकर नीचे बुलाया और दूध पिलाया और कुछ कैट-फ़ूड भी दिया।

एक दिन, बंदरों का एक झुंड आया और रोते हुए बिल्ली के बच्चे को सलाखों के बीच से खींचकर ले जाने लगा। पुनीता ने उन्हें भगाने की पूरी कोशिश की और पुड्डी को नीचे के एक बेडरूम में ले गई। पुड्डी डर से कांप रहा था। एक जंगली बिल्ली होने के कारण, उसने हमें कभी खुद को छूने नहीं दिया और अपने पंजों से हमला करता था; उससे बात करने का एकमात्र तरीका स्टिक गेम खेलना था: अविक की फेंकी हुई ड्रमस्टिक में से एक को उसके बिस्तर या बिल्ली की गुफा के नीचे धकेल दो, जिस पर वह उस पर झपटने और हमारे साथ खेलने की कोशिश करेगा।

एक दिन, पुड्डी गायब हो गया और कई दिनों तक वापस नहीं आया। पुनीता का दिल टूट गया और वह कॉलोनी के कई पार्कों में उसे ढूंढती रही। रात में, हम उसके कटोरे में खाना छोड़ देते थे और पीछे के बगीचे की ओर जाने वाले बेडरूम का दरवाज़ा खुला रखते थे, ताकि अगर वह वापस आए तो हम उसे ढूंढ सकें।

दस दिन बाद, आधी रात को, मैंने बहुत तेज़ चीखें सुनीं और दरवाज़ा खोला तो देखा कि पड़ोसी की दीवार पर बिल्लियों की लड़ाई हो रही थी, बाल उड़ रहे थे, पंजे कट रहे थे, चीख-पुकार हो रही थी, जैसे सिर्फ़ दो बिल्लियाँ ही कर सकती हैं। मुझे पता था कि यह पुड्डी था, और पुनीता और मैंने दूसरी बिल्ली को भगाते हुए उसे आवाज़ दी। वह भागता हुआ अंदर आया और उस खाने पर झपट पड़ा जो हमने उसके लिए रखा था। वह बहुत गंदा, खून से लथपथ था, साफ़ था कि उसने कई दिनों से कुछ नहीं खाया था और उसके शरीर पर लड़ाई के कई निशान थे।

यह एक बदला हुआ पुड्डी था, जो हमारे पास लौट आया था, कोमल और प्यारा, जो प्यार से सहलाना और खुजलाना चाहता था, (एक हद तक) प्यार से लिपटना और प्यार पाना चाहता था, कभी भी पुनीता का साथ नहीं छोड़ना चाहता था। वह समझदार और हमदर्द लग रहा था, खासकर हमारी लड़कियों

तारा और मेघ की तुलना में, जिन्हें पुनीता अपनी बहन के घर से लाई थी, जहाँ उनकी बिल्ली ने नए बच्चे दिए थे, ताकि पुड्डी का साथ दे सके। लड़कियाँ सुंदर हैं, और तारा राजकुमारी का रोल निभाती है जबकि मेघ एक कोमल सोल है। दुख की बात है कि उन दोनों को पुड्डी पसंद नहीं है, क्योंकि जब वो छोटी थीं, वो उन पर कूदता था।

पुड्डी के साथ हमारे कनेक्शन के बारे में जानने के लिए उत्सुक, पुनीता ने गुरुदेव से हमारी ज़िंदगी में उसकी अहमियत के बारे में पूछा। गुरुदेव ने उन्हें बताया कि वह हमारा सोल गाइड था, जिसे हमारा ध्यान रखने के लिए भेजा गया था। यूनिवर्स के तरीके अजीब हैं।

आभार

किताब लिखने का आईडिया मुझे कुछ साल पहले आया था, जब ओरिएण्टल ऑक्टोपस में एक लंच के दौरान रेणुका चटर्जी ने मुझे मेरे फ़ूड एडवेंचर पर लिखने को कहा था। तब से मुझे कई ऑफर मिले, जिन्होंने मुझे हेमाली सोढ़ी की ए सूटेबल एजेंसी की तरफ मुड़ने के लिए प्रेरित किया। मैं सूटेबल एजेंसी के काम का प्रशंसक रहा हूँ। हेमाली और रंजना सेनगुप्ता के साथ बात करते हुए मुझे समझ आया कि मुझे सुपरनैचुरल्स के साथ अपने एनकाउंटर्स पर लिखना चाहिए। इस किताब को लिखने के दौरान वो मेरे साथ खड़े रहे, उन्होंने मैनुस्क्रिप्ट का संपादन कर उसे सब्मिशन रेडी बनाया। उन दोनों के विश्वास, धैर्य और सपोर्ट का मैं आभारी हूँ।

प्रतिभा और उत्साह से लबरेज अनंत पद्मनाभन का शुक्रिया, जिन्होंने ये किताब इंडिया में प्रकाशित करवाने का साहस दिया; संपादन में उदयन मित्रा की सटीक सलाह, प्रेरणा, शतरूपा और गायत्री की हल्की से हल्की चूक को पकड़ने की क्षमता का हार्दिक आभार; बोनिता ने इस किताब के लिए कई

कवर बनाए; और आकृति, अमन और पूरे हार्परकॉलिन्स इंडिया का आभार, जिन्होंने इस किताब को पाठकों तक पहुंचाया।

ज़िंदगी में ऐसे मोड़ आते हैं, जिनकी कल्पना किसी कहानी तक में नहीं की जा सकती, और मैं खुशकिस्मत हूँ कि मैंने ये रोमांच, अलग-अलग द्वीपों, देशों और शहरों में अनुभव किया, और उन असाधारण लोगों से मिल पाया जिन्होंने मेरे जीवन को अपनी कहानियों, प्यार और मेजबानी से पोषित किया। एडिनबर्ग की ऐनी बडल, जिनके घर के दरवाजे हमारे लिए हमेशा खुले रहे; डाना मकलोड, हमारी सोल सिस्टर, जिन्हें भारत से प्यार है; विजिटिंग आर्ट्स के नेल्सन फेर्नान्डेज, जिन्होंने एडिनबर्ग में 'फेस्टिवल ऑफ़ इंड़िया' के सपने को सच बनाया; वेरोनिका हॉल जिन्होंने हमारा प्रचार किया; महिंद्रा ग्रुप के जय शाह, जो कल्चर सेक्टर के सबसे बड़े हितैषी रहे हैं; सुषमा बहल, भारत में शुरुआती आर्ट्स प्रोफेशनल, जिन्होंने मुझे अपनी हदों से परे देखने के लिए प्रेरित किया। बैंड इंडियन ओसियन, मृगया, परिक्रमा और अद्वैत; संगीतकार शुभा मुद्गल और अनीश प्रधान, डॉ. एल. सुब्रमण्यम और कविता कृष्णमूर्ति, पंडित हरिप्रसाद चौरसिया, शुभेन्द्र राव और सस्किया राव-दे हास, विद्या शाह, सोनम कालरा, चुग्गे खान, नाथू लाल सोलंकी, कुतले खान; डांसर्स नृत्यग्राम और प्रोतिमा गौरी बेदी, अदिति मंगलदास, स्वर्गीय अस्ताद देबू, दक्ष सेठ, गिल्लेस चुयें; और दादी पद्मजी और इशारा पपेट थिएटर ट्रस्ट, जिन्होंने मुश्किल राह पर चलकर जादू जगाया।

जयपुर लिटरेचर फेस्टिवल के मेरे को-डायरेक्टर्स नमिता गोखले और विलियम डेलरिम्पल का आभार।

क्रिएटिविटी के मास्टर्स, शाहरुख खान और गौरी खान, शर्मीला टैगोर, शेखर कपूर, शबाना आज़मी, मनोज बाजपेयी, नंदिता दास, शशि थरूर, और अनेकों प्रतिभाशाली कलाकार, लेखक, संगीतकार और पेंटर जो हमारे जीवन में रंग और रोमांच भरते हैं।

आर्ट्स में भरोसा रखने वाले सपोर्टर्स, फंडर्स: जयपुर विरासत फाउंडेशन के फेथ और जॉन सिंह, और सूरीना और एच.एस, नरूला, जो जयपुर लिटरेचर फेस्टिवल के शुरुआती बड़े स्पांसर थे।

टीमवर्क के पहले इन्वेस्टर: राजीव अग्रवाल, सिद्धार्थ केडिया, अतुल कुंवर, निर्मेश प्रकाश, अमित मालू और अम्बित प्राग्मा से मंगेश, जिन्होंने 2013 में सोचा था कि क्रिएटिव सेक्टर में निवेश की अच्छी संभावनाएं हैं। अशोक और रीना वाधवा, जिन्होंने हमेशा विजन को सपोर्ट किया। नौशाद फोर्ब्स, डेंजिल डिसूजा और चेलो, मौलिक और ऋचा शेयरदलाल, कामिनी और विंदी बंगा, जिन्होंने हमेशा हमारा साथ दिया; संजय और ज्योति अग्रवाल, जिनके जादुई स्पर्श ने जयपुर को बेहतरीन बनाया। टीमवर्क आर्ट्स के सर्विंग बोर्ड मेम्बर शैली गुप्ता, सुशांत भंसाली और एडवाइजर गोविंद साबू।

वो दोस्त जो इन सालों में हमारी मेजबानी करते रहे, जिन्होंने भारत की कला में भरोसा दिखाया और इंडोनेशिया, इजराइल, साउथ अफ्रीका, स्विट्ज़रलैंड, ऑस्ट्रेलिया और कनाडा में हमारे लिए दरवाजे खोले: नवदीप और मणि सूरी, अविना और नवतेज सरना, संजय और रानू भट्टाचार्य, मसकुई रंगसंग और स्वीटी, विकास और अपर्णा स्वरुप, पवन और रेणु वर्मा, विक्रम और संगीता दुरईस्वामी, संजय और संगीता मट्टा, पिनाक और राधा चक्रवर्ती, श्याम और अनीता सरन, हर्ष वर्धन श्रृंगला, दिनेश और पूनम पटनायक।

TAG की ओर से हमारे थिएटर समुदाय के लिए: कलात्मक निर्देशक और संरक्षक बैरी जॉन, साथी यात्री एनी थॉमस, आशा कोचर, अमित भाटिया, बेनी थॉमस, भरत कपूर, बाबू और रोजा बसु, बापू सरकार, सेसिल कादिर, दीपक मुखर्जी, दीपिका देशपांडे, दिव्या सेठ, लैला तैयबजी, लिलेट और रवि दुबे, लिन फर्नांडीज, मेखला देवा, मोना राव, पामेला रुक्स, प्रमिला नाज़रेथ, राहुल मुखर्जी, रंगनाथन, रेवती और वेंकटरमन, रियाज़ भाई, सीता रैना, वरुण सूद, विद्युन सिंह, विवेका कुमारी, सुजाता सुब्रमण्यम, गायत्री विश्वनाथन

और कई थिएटर कलाकार जिनके साथ हमने थिएटर, प्रदर्शन और जीवन की खोज की।

स्कूल के दोस्तों अनीता प्रियदर्शिनी, आयशा मिश्रा, बुलबुल सिंह, मनीषा चौधरी, सुजाता 'रैग्स' राघवन, विक्रम और श्रींका वालिया और कॉलेज के दोस्तों मनोज सक्सेना, समीर साहू और माधव डार को।

मेरे टीचर्स और प्रोफ़ेसर जिन्होंने मुझे बनाया और जो मैंने किया है, उसके लिए उन्हें ही ज़िम्मेदार ठहराया जाना चाहिए: मिसेज़ जेफ़रीज़, विजया घोष, प्रेम कृष्णन, डॉ. गुप्ता, डॉ. वोहरा और डॉ. विजय तंखा।

B.V. वीडियोग्राफिक्स में मेरे पहले और एकमात्र बॉस, फ़िल्म प्रोड्यूसर वर्षा और बॉबी बेदी को।

टीमवर्क के को-फ़ाउंडर मोहित सत्यानंद को, जिनका यह विश्वास कभी नहीं डिगा कि TWA एक सस्टेनेबल मॉडल होगा, और हमारे फ़ाउंडिंग ग्रुप को: चारु शर्मा, दीपिका देशपांडे, रितुराज सिंह और संत राम।

मेरे उन साथियों को जिन्होंने मुश्किल समय में मेरे साथ सफ़र किया: शरूपा 'CD' दत्ता जिन्होंने लंबा सफ़र तय किया, मुझे परेशान किया और फिर भी विश्वास बनाए रखा; अंकुर भारद्वाज जिन्होंने कड़ी मेहनत करने का वादा किया ताकि एक दिन मैं सिर्फ़ फ़र्स्ट क्लास में सफ़र करूँ; इला गुप्ता, राहुल सेन और देबराज जिन्होंने टीमवर्क में इतने सारे साइकल में काम किया, जिसमें लगभग दिवालियापन भी शामिल था, और फिर भी कभी थके नहीं और न ही साथ छोड़ा। अरुंधति नाथ, दीपिका गांधी, दिनेश, जेमी मेहरा, जूडिथ, कृतिका गुप्ता, मौशमी, मनोज, मिन्हाज हसन, निहारिका, प्रीता सिंह, राजत्री, राजिंदर, रवीना, राजन, रुचिका, संदीप, सम्मोहन मथोडिया, शम्स जावेद, श्युली सेठी, शिजू, शिवाजी, सुनील गुप्ता, सूरज ढींगरा, संजय सचदेवा, तरुण लरोइया, तविशी, उजान, उत्तम, वंदना वर्मा, वसुंधरा मेहता, विराज, यामिनी

और अनगिनत अन्य पुराने और मौजूदा साथियों को जो हमारे कई फ़ेस्टिवल के पहियों को लगातार चलाते रहते हैं।

श्वेता असनानी को, जो टीमवर्क को सिंगापुर ले गईं, और रोहित नारंग, दोस्त और फंड देने वाले; लक्ष्मी लरोइया जिन्होंने हमारी पहली फिल्म स्क्रिप्ट लिखीं और भारत के पहले गेम शो *तोल मोल के बोल* को कमीशन किया; और निष्ठा सिपाहीमलानी जिन्होंने हमारे साथ मिलकर बनाई गई फिल्मों और फेस्टिवल्स के ज़रिए हमारी पहुंच हांगकांग तक बढ़ाई; और गोकुल लरोइया जिन्होंने हमारे लिए अपना दिल और घर खोल दिया।

'फ्रेंड्स ऑफ म्यूजिक' के संस्थापकों को, जो आज भी लोगों के दिलों और आत्माओं में ज़िंदा है और जिसने हमें कला के लिए प्लेटफॉर्म बनाने की हमारी यात्रा शुरू करने के लिए प्रेरित किया: कनिका सत्यानंद, वैल शिपले और मोहित।

सलाम बालक ट्रस्ट (एसबीटी) में मेरे सहकर्मियों को, जिन्होंने सड़क पर रहने वाले और कामकाजी बच्चों को उनकी पूरी क्षमता का एहसास कराने और सुरक्षित स्थान उपलब्ध कराने के लिए निस्वार्थ भाव से काम किया है; साथी सह-संस्थापक प्रवीण नायर और मीरा नायर, और ट्रस्टी अनुभव नाथ, अशोक पाल सिंह, गगन सिंह और गीतन बत्रा को; हमारी संस्था प्रमुख अंजनी तिवारी एवं शिखा मैनी को; हमारे प्रमुख सहयोगी डॉ. अमित सेन, डॉ. मिश्रा, अंजु चोपड़ा और तान्या अलघ; और हमारे अद्भुत एसबीटी कर्मचारी और पूर्व छात्र जिन्होंने हमें सहानुभूति, सकारात्मकता और लचीलापन सिखाया है: आनंद, अंजू, बब्लू, दानिश, दुर्गेश, हरन, गगन, नूर, नीतू, पंकज, पवन, प्रमोद, प्रवीण, खुर्शीद, कुमारी, खुशबू, लक्ष्मी, राजेंद्र, रवि, रिजवान, रोहित, रेखा, रेशम, रितेश, सलीम, सलमान, संतोष, शनाज़, श्रवण, शमीम, शाहदत्त, शमसुल, शेखर, शिव कुमार, शिवालिक, श्रवण, सोनिया, सुनील, सुधीर, संजय, उत्तम, विक्की, विवेक, विजय और विराज।

आभार

मेरे स्वर्गीय माता-पिता अपराजिता और एडमिरल एम.के. 'मिक्की' रॉय को, जिन्होंने हमें दुनिया दिखाई और हमें अपनी शर्तों पर इसे खोजने की आज़ादी दी, साथ ही हमारे अंदर समानता और न्याय, परंपरा और निस्वार्थ सेवा का गहरा भाव जगाया।

मेरे मामा-मामी अभिमन्यु और इंद्रानी गुप्तु; अर्पिता और संजय सेन; मेरी बुआ, चाचा, चचेरे भाई-बहन, भतीजी और भतीजे; गुप्तु, सेन और मल्लिक परिवार, जो परिवार से बढ़कर रहे हैं और जो हमें 'बंगाली भद्रलोक' की भावना से जोड़े रखते हैं, भले ही आज वह छवि कितनी भी धुंधली क्यों न हो गई हो।

मेरे स्वर्गीय सास-ससुर, सज्जन सत्य और विमला भूषण को, जिन्हें शुरू में इस बात की चिंता थी कि यह 'थिएटरवाला' उनकी बेटी का ख्याल कैसे रखेगा, और जो उम्मीद है कि अब ज़्यादा सुकून में होंगे। मेरी साली और बहनोई पूनम और सुनील मेहरा को, उनके प्यारे बच्चों के साथ: निधि, अखिल, जेमी, दिव्यांश, समारा, इशाना और अत्रेय।

रॉय और गुप्ता कज़न्स को: निपु (तुहिन) और टिन्नी (भास्वती), अपु (अरूप) और शोमा, रीता और स्वर्गीय उदयन सेन, इंद्रजीत और संध्या, अंबर और पियाली, और पार्वती 'टूमा' गुप्ता।

तरुण, गीतन, टिया और कारा को, जिन्होंने हमारे साथ यह सफ़र तय किया है और हमारे सोलमेट रहे। उन्होंने हमारे साथ इस रोलरकोस्टर राइड पर दुनिया को एक्सप्लोर किया, कहानियाँ शेयर कीं और हर मौके को थोड़ी ज़्यादा दीवानगी के साथ सेलिब्रेट किया, ऐसी तस्वीरें और यादें बनाईं जो हमेशा हमारे दिलों और दिमाग में बसी रहेंगी।

हमारे दोस्तों मनिका, प्रभु, नीना, गुंजन, विराज, साधना और सुधीर को, उनके प्यार, सपोर्ट और बहुत ही स्वादिष्ट खाने के लिए जो ढेर सारे प्यार और खूब सारी वाइन, वोदका, जिन और व्हिस्की के साथ परोसा गया, जिसके ऊपर रम में भिगोए हुए प्रोन और किशमिश थे।

मेरे भाई, प्रोबिर रॉय को, जिन्होंने मेरी पहली घड़ी (जो मुझे कभी गिफ्ट में मिली थी) को यह देखने के लिए खोल दिया कि वह कैसे काम करती है और हमें खोज और रोमांच की यात्रा पर ले गए; सुमीरा, मेरी प्यारी और क्रिएटिव भाभी, और इशानी, मार्क, अयान और शिव्वी को।

मेरी सोलमेट और साथी पुनीता को, जिसने मुझे हील होने और इस दुनिया और दूसरी दुनिया को समझने में मदद की, साथ ही हमारे सामूहिक और व्यक्तिगत कर्मों को भी संभाला। हमारे बड़े हो चुके बेटे आदित्य और अविक जिन्होंने सात साल की उम्र से ही हमें पेरेंटिंग और लेक्चर देने का काम बहुत गंभीरता से ले लिया है और हमारी प्यारी बहू पारुल के साथ दूर देशों की यात्रा करने में सबसे मज़ेदार साथी रहे हैं।

हमारे चार पैरों वाले बच्चों को जिन्होंने हमसे बिना शर्त प्यार किया: चॉपी, विक, प्लूटो, टुग्गू, खुशी, लूसी, माया, मस्ती और हमारे हाल ही में गोद लिए गए बच्चे—अर्थ, बर्फी, ड्यूड, लूडो, बिल्ली जैसी सुंदर मेघ और तारा, और हमारे सोल गाइड और प्रोटेक्टर पुड्डी (पृथ्वी) को।

हमारे गुरुओं, मार्गदर्शकों और ब्रह्मांड को उनके आशीर्वाद के लिए।

लेखक के बारे में

संजॉय के. रॉय, आर्ट आन्त्रप्रेन्योर और टीमवर्क आर्ट्स के मैनेजिंग डायरेक्टर हैं, जो चालीस शहरों में तीस से ज़्यादा बहुत मशहूर परफॉर्मिंग आर्ट्स, विज़ुअल आर्ट्स और लिटरेरी फेस्टिवल आयोजित करती है, जिसमें दुनिया का सबसे बड़ा लिटरेचर फेस्टिवल: जयपुर लिटरेचर फेस्टिवल भी शामिल है।

रॉय सलाम बालक ट्रस्ट के फाउंडर-ट्रस्टी हैं, जो दिल्ली शहर के अंदरूनी इलाकों में सड़क पर रहने वाले और काम करने वाले बच्चों को सहायता सेवाएँ प्रदान करता है। वह भारत में सांस्कृतिक क्षेत्र में महत्वपूर्ण नीतिगत मुद्दों पर विभिन्न इंडस्ट्री निकायों के साथ मिलकर काम करते हैं और फेडरेशन ऑफ इंडियन चैंबर्स ऑफ कॉमर्स एंड इंडस्ट्री की कला और संस्कृति समिति के सह-अध्यक्ष हैं; वह इवेंट एंड एंटरटेनमेंट मैनेजमेंट एसोसिएशन और अर्थ डे नेटवर्क की आधिकारिक ग्लोबल सलाहकार समिति के पूर्व अध्यक्ष हैं और वर्तमान में कैटलिस्ट नाउ के सह-अध्यक्ष हैं। उन्हें यॉर्क यूनिवर्सिटी, यूके द्वारा मानद डॉक्टरेट से सम्मानित किया गया है।

वह अपने परिवार के साथ गुड़गांव में रहते हैं।

अनुवादक के बारे में

उर्मिला गुप्ता बतौर संपादक और अनुवादक कई वर्षों से कार्यरत हैं। फेसबुक और फ़िल्मी गपशप के साथ वे टैक्स्ट बुक्स, स्टोरी बुक्स और अनुवाद कार्य करती हैं। उन्होंने नंदन निलेकणी, अमीश, अश्विन सांघी, विनीत बाजपेयी, रश्मि बंसल, अनुजा चौहान, शारदा दुबे, मार्क मैंसन, केविन मिसल, प्रीति शेनॉय, सवि शर्मा, चंदन देशमुख, अली सेठी, नीलोफर करीम बॉय, जूडी बालन, मैनाक धर की किताबों का अनुवाद किया है।

HarperCollins *Publishers* India

At HarperCollins India, we believe in telling the best stories and finding the widest readership for our books in every format possible. We started publishing in 1992; a great deal has changed since then, but what has remained constant is the passion with which our authors write their books, the love with which readers receive them, and the sheer joy and excitement that we as publishers feel in being a part of the publishing process.

Over the years, we've had the pleasure of publishing some of the finest writing from the subcontinent and around the world, including several award-winning titles and some of the biggest bestsellers in India's publishing history. But nothing has meant more to us than the fact that millions of people have read the books we published, and that somewhere, a book of ours might have made a difference.

As we look to the future, we go back to that one word—a word which has been a driving force for us all these years.

Read.